Renaissance and Neoclassical British Poetry

르네상스와 신고전주의 영시의 이해

| 이 철 지음 |

신아사

이 책을 읽는 독자에게

이 책은 영문학을 처음 시작한 학생이나 영시에 관심이 있는 사람이 반드시 읽어야 할 주요 영시 작품들을 상세하게 해설하고 있는 일종의 입문서이다. 전체가 두 권으로 되어 있는 이 시리즈의 제1권『르네상스와 신고전주의 영시의 이해』는 중세서정시를 거쳐 영문학의 아버지라고 불리는 작가 초서(Chaucer)에서부터 그레이(Gray)까지, 즉 중세부터 르네상스시대, 신고전주의시대의 시인들을, 제2권『낭만주의와 현대 영시의 이해』는 번즈(Burns)부터 휴즈(Hughes)까지, 즉 낭만주의시대부터 빅토리아조, 그리고 20세기 현대 시인들을 다루고 있다.

작품명이나 인명, 지명 등의 고유명사의 경우는 원어를 그대로 살려 썼고, 글은 읽기 쉽도록 되도록 평이한 문체로 쓰려고 노력했다. 각 글의 구성은 크게 세 부분으로 되어 있다. [1] **작가의 생애와 작품경향**에서는 작품의 이해를 돕기 위해 시인의 생애와 주요작품, 대체적인 작품경향 등을 간략히 기술했다. [2] **작품**에서는 시 원문을 싣고 시의 이해에 필요한 주석들을 달아 설명한 후, 시를 우리말로 번역했다. [3] **작품분석**에서는 대체로 연을 따라 가면서 꼼꼼한 설명을 하여 시를 전체적으로 충분히 이해할 수 있도록 했다.

이 책이 목표로 하는 것은 전문연구가들을 위한 학술서적이 아니기 때문에 일일이 전거를 밝히거나 까다로운 이론, 견해 등을 소개하는 것을 생략했다. 그렇다고 해서 상식적이고 일반적인 해설이 되지 않도록 노력했다. 작품에 대한 합리적이고 논리적인 해석을 시도하면서도 필자 나름의 생각을 반영하려고 했다.

영시를 즐기자면 반드시 책의 첫머리부터 읽을 필요는 없을 것이다. 오히려 중간 아무 곳이나 펼쳐서 이것저것 읽어보며, 마음에 드는 작품이 있으면 그때 가서 주석과 해설을 자세히 보는 게 더 좋을 것 같다. 영시에 익숙지 않은 독자라면 16세기 르네상스시대 작품들이나 19세기 낭만주의시대 작품들부터 읽어보는 것도 하나의 방법이 될 수 있을 것이다. 필자는 영시에 관심이 있거나 영시를 좋아하는 사람들이 이 책을 하나의 디딤돌로 삼아 더 많은 영시의 보고에 한 걸음 더 다가설 수 있게 되기를 바란다.

저자 이 철

목 차

중세시대
(The Middle Ages: to 1485)

16세기
(The Sixteenth Century: 1485-1603)

17세기
(The Seventeenth Century : 1603-1660)

왕정복고 및 18세기

(The Restoration and the Eighteenth Century
-신고전주의 시대 : 1660-1798)

중세시대
(The Middle Ages : to 1485)

Medieval English Lyrics

Geoffrey Chaucer

Popular Ballads

Medieval English Lyric

중세 서정시들의 작시연도는 정확히 알 수 없다. 가장 오래된 것으로 보이는 "The Cuckoo Song"의 경우는 13세기 중반에 나온 것으로 알려져 있고, 다른 것들도 대체로 13-15세기 사이에 나온 것들이다. 후기 필사자들이 최신 작품으로 보일 수 있도록 자기 시대의 언어로 바꾸어 다시 기록했기 때문에 필사본을 가지고는 정확한 연대추정은 불가능하다. 또한 필사본도 여러 가지가 존재하므로 철자법이 제각각이다.

이들 서정시들이 다루는 주제는 남녀 간의 사랑, 이루지 못한 사랑의 하소연, 봄의 찬미, 성모 마리아에 대한 찬양, 음식과 음주의 즐거움 등이다. 다소 상투적인 주제와 형식에도 불구하고 뛰어난 중세 서정시들은 매우 신선하다는 느낌을 준다. 그 이유는 시인이 어떤 선입견이나 자의식에 사로잡히지 않고 주제에 대해 직접적으로 접근하여 자신의 심경을 있는 그대로 토로하는 소박성과 단순성을 보여주기 때문이다.

1 Thc Cuckoo Song

Sumer is icumen in.
Loude sing cuckou!
Groweth seed and bloweth meed,
And springth the wode now.
Sing cuckou!

Ewe bleteth after lamb,
Loweth after calve cow,
Bulloc sterteth, bucke verteth,
Merye sing cuckou!
Cuckou, cuckou,
Wel singest thou cuckou:
Ne swik thou never now!

Sing cuckou now. Sing cuckou.
Sing cuckou. Sing cuckou now!

주석

1] Sumer: summer. 여기서는 따뜻한 봄철을 의미함.
is icumen: has come.
2] Loude: loudly.
3] bloweth meed: meadow blossoms(들판에 꽃이 핀다).
4] springth the wode now: the wood springs now.
6] bleteth: bleats.
7] Loweth after calve cow: The cow lows after the calf. low: 소가 낮은 소리로 음매 음매하고 울다.
8] Bulloc sterteth, bucke verteth: The bullock leaps, the stag turns. sterteth: leaps. verteth: turns, farts.
12] Ne swik thou never now!: Don't you ever stop now! swik: cease, stop.

따뜻한 봄이 왔구나.
큰 소리로 노래하라 뻐꾸기야!
씨앗은 자라고 들판에는 꽃이 핀다.
이제 숲도 자라난다.
노래하라 뻐꾸기야!
암양은 새끼양을 찾아 매에,
암소는 송아지를 찾아 음매음매

수소는 날뛰고, 수사슴은 방귀를 뀐다.
즐겁게 노래하라 뻐꾸기야!
뻐꾹뻐꾹,
노래 솜씨 좋은 너는
노래를 그칠 줄 모르는구나!

노래하라 뻐꾸기야. 노래하라 뻐꾹
노래하라 뻐꾹. 노래하라 뻐꾸기야!

2 작품분석

이 시는 1260년경 중세영어 Wessex방언으로 쓰인 작품으로, 작가는 정확히 알려져 있지 않으나 W. de Wycombe로 추정된다. 이 시의 본문 부분은 네 파트로 나누어 돌림노래 형식으로 부르도록 되어 있고, 후렴구 부분인 마지막 두 행은 저음 파트를 담당하는 두 사람이 번갈아 부르도록 되어 있다. 서정시(lyric)는 원래 리라(lyre)반주에 맞추어 부르는 노래가사였다는 사실을 기억할 필요가 있다. 단적으로 말해 시는 노래이다. 노래인 만큼 반복이 가장 두드러지는 특징 중의 하나가 된다.

이 서정시는 만물이 활기를 띠는 봄을 찬미하고 있다. 첫 부분에서 시인은 봄이 오니 날씨가 따뜻해지고, 땅에 심어놓은 씨앗도 싹이 트며 들판에는 꽃이 핀다고 말한다. 숲의 나무들도 자라나 마치 숲이 솟아오르는 것처럼('springth') 보인다. 시인은 이런 즐거운 계절에 뻐꾸기에게 노래하라고 부탁한다.

둘째 부분에서는 다른 동물들에 대한 묘사가 나온다. 양과 소와 사승들도 바쁘다. 이미 암양과 암소는 새끼들을 낳았고, 수소와 수사슴은 넘치는 기운을 주체하지 못하는 상태이다. 수소가 '날뛰고', 수사슴이 '방귀를 뀌는 것'은 모두 넘쳐나는 힘의 표현이다. 이때 시인은 지치지 않고 노래를 부르는 뻐꾸기에게 계속해서 노래하기를 청하고 있다.

이 시의 중심은 봄이 왔음을 알려주는 뻐꾸기, 혹은 뻐꾸기의 울음소리이다. 그래서 이 시를 단순히 봄에 대한 찬미로 볼 수도 있다. 그런데, 시인이 뻐꾸기가 계속 노래를 부르기를 바라는 것은 이런 봄의

SVMER IS ICUMEN IN

(Summer is acoming in)

생동감을 자신도 누려보고 싶은 마음이 있기 때문일 것이다. 말하자면 시인은 자신의 마음에도 봄이 오기를 바라는 것이다. 봄이 와서 양과 소와 사슴들이 짝짓기를 하듯, 자신도 짝을 찾기를, 자신에게도 진정한 봄이 오기를 바라고 있는 것으로 보인다. 그래서 마치 뻐꾸기의 울음소리가 자신의 봄을 부르는 주문(呪文)인듯, 계속 울어주기를 청하고 있다.

3 Tell Me, Wight in the Broom

"Say me, wight in the broom,
What is me for to doon?
Ich have the werste bonde
That is in any londe."

"If thy bonde is ille,
Hold thy tonge stille."

주석

1] wight: creature, critter.
broom: shrub.
2] to doon: to do.
3] Ich: I.
the werste bonde: the worst husband.
4] londe: land.
5] ille: bad.

"숲에 계신 분이여, 말해 주세요,
제가 어찌해야 할까요?
제 남편은 최악이에요,
세상에 둘도 없는."

5 "남편이 나쁘다면,
조용히 입 닥쳐요."

Sat Me, Wight In The Broom

4 작품분석

이 시는 두 사람간의 대화로 구성되어 있다. 첫 부분은 나쁜 남편을 둔 어떤 아낙네가 어찌해야 할지 숲에 사는 존재에게 자문을 구하는 내용으로 되어 있다. 여기에서 이 존재 'wight'라는 말은 인간이나 동물, 혹은 어떤 초자연적인 존재를 뜻하는 말이다. 숲에 산다고 하는 것으로 보아 숲에 사는 동물일 수도 있고, 아니면 숲에 기거하는 은자일 수도 있다. 아니면 숲에 사는 정령이나 마녀 같은 존재일 수도 있다.

이 아낙이 왜 하필 숲에 사는 존재에게 조언을 구하려고 하는지 이 노래에 있는 내용만으로는 짐작하기 어렵다. 이 아낙이 사는 곳이 숲이어서 마치 이웃에게 물어보듯 묻고 있는 것인지, 아니면 자신의 난처한 상황을 벗어날 수 있는 지혜를 가지고 있을 법한 어떤 은자나 초자연적인 존재에게 도움을 구하고 있는지 모른다. 아니면 삶의 막다른 상황에 이른 아낙네가 숲에 사는 동물에게라도 해결책을 물어보고 싶은 마음을 표현한 것일 수도 있다.

두 번째 부분에 나오는 이 존재의 대답은 간단하다. 나쁜 남편을 두었다면, 더 이상 말할 필요가 없다는 것이다. 그저 입 닥치고 조용히 있는 게 낫다고 말한다. 부부간의 문제는 남이 어떻게 해결해 주기 쉽지 않다. 더구나 세상에서 둘도 없이 나쁜 남편을 두었다면 답이 없는 셈이 된다. 또 그런 남자를 남편으로 맞은 여자에게도 책임이 있나는 말인지도 모르겠다. 자신이 저지른 일이니 자신이 책임을 지든지 참든지 해야지 남에게 이러쿵저러쿵 군소리하지 말라는 얘기로 보인다.

5 Though I've a Clever Head

Though I've a clever head, I know,
Joy in this world have I none,
And all for a lady — of those who go
In hall and chamber, the fairest one!
When first she became another's, though,
Locked in a castle wall of stone,
I was a ruined man, struck low :
All skin and bone.
No one now can encourage me
To live, be happy. I'd rather be
Down with the dead tomorrow.
I can well say this of me :
Heavy hangs my sorrow.

주석

3] all for a lady: (내게 기쁨이 없는 까닭은) 모두 어떤 여인 때문이다.
4] hall and chamber: Wordsworth의 소네트 "London, 1802"의 제4행에 나오는 'the heroic wealth of hall and bower'라는 구절 참조.
8] All skin and bone: 피골이 상접해서.
11] I'd rather be/ Down with the dead tomorrow: 차라리 죽어서 내일, 죽은 자들과 함께 누워 있는 게 낫겠다.

내 머리가 좋기는 하다만,
세상사는 재미가 도무지 없어
그것은 어떤 여인 때문인데 — 저택 규방에 사는
세상에서 제일 예쁜 아가씨라네!
그러나 그녀가 다른 남자의 것이 되어

돌로 된 성벽 안에 갇히게 되었을 때
나는 충격을 받고 폐인이 되어
내 몸은 뼈와 가죽만 남게 되었어.
아무도 이제 나에게 권할 수 없네.
살아서 행복하라고. 차라리 죽어서 내일
죽은 자들과 함께 누워 있는 게 낫겠어.
지금 나는 이 꼴이라네,
슬픔이 무겁게 나를 짓누르고 있어.

6 작품분석

이 시는 사랑을 잃고 좌절에 빠져 있는 어떤 남자의 모습을 보여주고 있는 작품이다. 이 남자가 사랑한 여인이 기거하는 곳이 저택('hall')의 규방('chamber')으로 묘사된 것으로 보아, 이 여인은 귀족인 것으로 보인다. 그러나 세상에서 제일 예쁜 이 아가씨는 불행히도 다른 남자의 것이 되어 버린다. 그래서 그녀는 '돌로 된 성벽 안에 갇히게 되었다'고 한다. 말하자면 그녀는 성에 사는 어떤 왕이나 왕자. 혹은 성주나 성주 아들의 여자가 된 것이다.

남자는 그녀가 '갇히게 되었다'고 말하지만, 그녀가 강제로 납치되어서 그렇게 표현한 것인지, 그가 더 이상 접근할 수 없는 영역에 그녀가 들어가 버려서 그런 식으로 생각하는 것인지 알 수 없다. 정상적인 경우로 생각한다면 귀족집안의 아가씨가 자신의 신분에 걸맞은 남자에게 시집을 간 것일 뿐이다. 그렇지 않고 아가씨가 강제로 납치되었거나 자신의 뜻과 반대로 시집을 간 경우라면 상황은 복잡해지지만, 그런 점에 관해 우리가 이 시 자체에서 정확하게 파악할 수 있는 것은 없다.

아가씨의 의사와 상관없이 이 남자 혼자 짝사랑하고 있었던 게 아닌가 생각되기도 한다. 그리고 이 남자는 귀족이 아닌 것처럼 보인다. '저택'이나 '규방,' '성벽' 같은 것이 이 남자에게는 가까이 하기 어려운 영역처럼 보이기 때문이다. 이런 식으로 본다면 귀족 아가씨를 멀리서 지켜보며 사모하던 어떤 평민 총각이 그 아가씨가 왕자비가 되어버리자, 죽네 사네 하고 애걸복걸하는 꼴이 되는 셈이 된다. 만일 이 아가씨가 강제로 납치된 경우라면 구출할 수도 있을 것인데, 이 남자는 그럴 능력도, 그럴 의지도 없어 보인다. 그래서 폐인이 다 되어 뼈와 가죽만 남은 상태가 되어 있다.

이 시의 마지막 부분에서 이제 모든 삶의 보람을 잃어버린 이 젊은이는 어느 누구도 자신에게 살아서 행복하기를 권할 수 없다고 말한다. 살만한 희망도, 자신을 행복하게 만들어 줄 수 있는 사람도 모두 잃어버렸다고 생각하기 때문이다. 그는 차라리 죽은 자들과 함께 땅속에 누워 있는 편이 낫겠다고 말한다. 현재 그에게는 슬픔이 무겁게 매달려 있을 뿐이다. 이 시의 첫머리에서 이 젊은이는 자기 머리가 똑똑하다고 했지만, 이렇듯 온통 좌절감에만 하염없이 자신을 내맡기고 있는 것을 보면 이 젊은이가 진짜 똑똑한 것인지 모르겠다. 그러나 인생에 사랑만큼 중요한 것이 어디 있으랴.

Geoffrey Chaucer

(ca.1343–1400)

1 작가의 생애와 작품경향

영국 신고전주의 시인 John Dryden은 Chaucer를 가리켜 '영시의 아버지'(the father of English poetry)라고 불렀다.이는 본격적인 영문학이 Chaucer로부터 시작되었음을 말해 준다.

Chaucer는 부유한 포도주 상인 집안에서 태어났다. 할아버지는 프랑스로부터 포도주를 수입해서 장사를 했고, 아버지도 런던의 주류 판매 지역인 Vintry에서 포도주 장사를 했다. 그러나 Chaucer는 이른 나이부터 궁정에 출입하면서 여러 종류의 공직생활을 했다. 그는 왕실시종과 군인, 외교관, 세관감사관, 치안판사, 삼림원장 등 다양한 직업을 거치면서 영국사회를 구성하는 여러 종류의 사람들과 접할 수 있었고, 이 경험은 그의 문학에 폭과 깊이를 부여하게 되었다.

Chaucer의 문학적 활동 시기는 대개 세 개의 시기로 구분된다. 제1기(1359-1371)는 프랑스시기로, 궁정생활을 하며 당시에 유행하던 프랑스 문학에 관심을 갖게 되었던 때이다. 이 시기에 Chaucer는 *Roman de la Rose*(장미의 로망)를 번역하고, 현존하는 최초의 Chaucer 작품으로 알려진 *The Book of the Duchess*(공작부인 이야기)를 썼다. 이탈리아 시기로 알려진 제2기(1372-1385)는 Chaucer가 무역협정 체결을 위해 이탈리아를 방문했던 것이 계기가 되어 Dante와 Petrarch, Boccaccio 등의 영향을 받았던 시기이다. 이 때 Chaucer는 Dante의 *The Divine Comedy*(신곡)를 모방하여 *The House of Fame*(명예의 전당)을 쓰고, Boccaccio의 *Il Filostrato*(사랑의 번민)를 *Troilus and Criseide*라는 제목으로 번안하기도 했다. 제3기(1386-1400)는 소위 "영국시기"로, 죽을 때까지 Chaucer의 주요한 문학적 관심을 차지했던 *The Canterbury Tales*를 집필했던 시기이다. 그는 이 작품을 통하여 당시 영국의 사회상을 사실적으로 그려낸 것으로 알려져 있다. 어떤 비평가는 "영국시기"의 존재에 대해서 의혹을 제기하기도 한다. Donaldson교수에 의하면, 이 시기에도 역시 Chaucer의 문학적 방법은 프랑스나 이탈리아 문학의 모델을 따르고 있었기 때문에 Chaucer에게 소위 "영국시기"라는 것은 존재하지 않았다는 것이다. 그래서 그는 이런 식의 분류를 "낡은 3분법"(old tripartite division)이라고 부른다.

2 from The General Prologue to *The Canterbury Tales*

Whan that April with his showres soote
The droughte of March hath perced to the roote,
And bathed every veine in swich licour,
Of which vertu engendred is the flowr;
Whan Zephyrus eek with his sweete breeth
Inspired hath in every holt and heeth
The tendre croppes, and the yonge sonne
Hath in the Ram his halve cours yronne,
And smale fowles maken melodye
That sleepen al the night with open yë —
So priketh hem Nature in hir corages —
Thanne longen folk to goon on pilgrimages,
And palmeres for to seeken straunge strondes
To ferne halwes, couthe in sondry londes;
And specially from every shires ende
Of Engelond to Canterbury they wende,
The holy blisful martyr for to seeke
That hem hath holpen whan that they were seke.
Bifel that in that seson on a day,
In Southwerk at the Tabard as I lay,
Redy to wenden on my pilgrimage
To Canterbury with ful devout corage,
At night was come into that hostelrye
Wel nine and twenty in a compaignye
Of sondry folk, by aventure yfalle
In felaweshipe, and pilgrimes were they alle
That toward Canterbury wolden ride.
The chambres and the stables weren wide,
And wel we weren esed at the beste.
And shortly, whan the sonne was to reste,
So hadde I spoken with hem everichoon,

That I was of hir felawshipe anoon,
And made forward erly for to rise,
To take oure way, ther as I you devise.
But nathelees, whil I have time and space,
Er that I ferther in this tale pace,
Me thinketh it accordant to resoun
To telle you al the condicioun
Of eech of hem, so as it seemed me,
And whiche they were, and of what degree,
And eek in what array that they were inne:
And at a knight thanne wol I first biginne.

주석

1] Whan that April with his showres soote: When April with its sweet showers.
2] perced: pierced.
3] veine: vein in plants(나무의 엽맥, 잎맥).
swich licour: such liquid.
4] Of which vertu: By whose virtue, By the power of which(그 힘으로).
flowr: flower.
5] Zephyrus: (God of) the west wind. 서풍(의 신).
eek: also.
6] holt and heeth: grove and field(숲과 들판). 전체적으로 countryside를 의미한다. 두운(頭韻, alliteration)효과에 주목할 것.
7] tendre croppes: tender shoots(연한 싹).
the yonge sonne: the young sun.
8] Hath in the Ram his halve cours yronne: has run its half course in the Ram(양자리에서 자기 궤도의 반을 돌았다). 태양은 4월 중순에 백양궁을 벗어난다. Ram: Aries(양자리, 백양궁. 황도 십이궁의 첫 자리).
9] smale fowles maken melodye: small fowls(birds) make melody.
10] yë : eye.
11] hem: them.
in hir corages: in their hearts.
12] Thanne: Then.
goon: go.

13] straunge strondes: strange strands, foreign shores(낯선 땅).
14] ferne halwes: far-off shrines(먼 곳에 있는 사당, 성지).
couthe in sondry londes: known in sundry lands(여러 곳에서 알려진, 여러 곳에 있는 유명한).
16] wende: go(went의 현재형).
17] the holy blissful martyr: 1170년 Henry 2세의 사주에 의해 살해된, 캔터베리 대주교 St. Thomas Becket를 말한다.
18] holpen: helped.
seke: sick.
19] Bifel that … : It befell that … , It happened that … (어떤 일이 닥치다, 벌어지다)
seson: season.
20] Southwerk: Southwerk. Tarbard여관은 Thames강의 남쪽 런던 교외에 있었다.
lay: lodged(묵었다, 숙박했다).
21] Redy to wenden: ready to go.
22] with ful devout corage: with very devout heart(아주 경건한 마음으로).
23] hostelrye: hostelry(여인숙, 여관).
24] wel: full.
25] by aventure: by chance.
yfalle: fallen.
27] wolden: would.
29] esed: accommodated.
at the beste: in the best way.
30] shortly: to cut a long story short(간단히 말하자면)..
30] was to reste: had set.
31] with hem everichoon: with everyone of them.
32] anoon: at once.
33] made forward erly for to rise: made an agreement to rise early.
34] devise: describe.
35] nathelees: nevertheless.
36] Er: before.
pace: pass.
37] Me thinketh it accordant to resoun: It seems to me according to reason; It seems to me reasonable.
39] eech of hem: each of them.
41] inne: in.
42] thanne: then.
wol: will.
biginne: begin.

4월의 감미로운 소나기가
3월의 가뭄을 뿌리까지 꿰뚫어
꽃을 피게 하는 수분을
나무들의 모든 잎맥에 공급해 주고,
서풍 또한 달콤한 입김을
모든 숲과 들판에서 여린 싹에게
불어넣어 주고, 젊은 태양은
백양궁에서 그 궤도의 반을 돌고,
온 밤을 뜬 눈으로 지새운
작은 새들이 노래를 부를 때 —
그들의 마음을 자연이 그토록 설레게 했던 것인데 —
이때, 사람들은 순례를 떠나고 싶어 하고,
성지 순례자들은 낯선 땅을 찾아
여러 곳에 있는 이름난 성지까지 멀리 가고 싶어 한다.
특히 영국 방방곡곡에서
사람들은 캔터베리로 간다,
그들이 병들었을 때 도와주었던
거룩하고 복된 순교자를 찾아서.
이런 계절의 어느 날,
나는 아주 경건한 마음으로
캔터베리로 순례를 떠날 작정을 하고,
싸자크의 타바트 여관에 투숙했는데,
밤이 되자 그 여관에
스물아홉이나 되는 한 떼의 사람들이 들어왔고,
우연히 동행이 된 이 각양각색의 사람들은

모두 캔터베리로 가고자하는
순례자들이었다.
방과 마구간은 널찍했고
우리는 극진한 대접을 받았다.
간단히 말하자면, 해가 졌을 때,
나는 그들 하나하나와 얘기를 나누어
금세 한패가 되었고,
다음날 일찍 일어나기로 약속을 했다,
내가 여러분께 앞으로 묘사해드릴 그 순례길을 떠나기 위해.
그럼에도 불구하고, 내가 이 이야기를 더 진행하기 전,
시간여유가 있을 때,
내 눈에 비친 대로
그들 각각의 상태와
그들이 어떤 사람들이고, 어떤 지위에 있는지,
또한 어떤 복장을 하고 있는지를 여러분께 말씀드리는 것이
합당한 일이라는 생각이 든다.
그래서 나는 이제 기사(騎士) 얘기부터 시작해볼까 한다.

3 작품분석

*The Canterbury Tales*는 Chaucer가 1387년에서 1400년 사이에 쓴 일종의 이야기 모음집이다. 이 이야기들은 모두 런던에서 캔터베리로 성지순례를 떠나는 여행자들이 하나씩 돌아가면서 하는 것으로 되어 있다. 작품에 나타난 내용으로 볼 때 약 30명의 순례자들이 순례길을 오가며 각각 4편의 이야기를 하기로 했으므로 Chaucer가 원래 의도했던

것은 전체가 120개 정도의 이야기였던 것으로 보인다. 그러나 실제로는 완성된 22편과 미완성 2편만이 남아 있다.

이 작품이 처음 구상된 1386년경, Chaucer는 런던 동쪽에 있는 Greenwich에 살고 있었고, 이때 그는 캔터베리로 가는 순례자 행렬을 자주 볼 수 있었다. 각양각색의 순례자들이 다양한 이야기를 하는 방식은, Chaucer가 여태껏 들어왔고, 그래서 독자들에게 하고 싶은 많은 이야기들을 함께 묶을 수 있는 좋은 틀을 제공해 주었다. 이런 이야기 형식은 당시에 흔했던 것으로, Chaucer와 동시대인이었던 John Gower의 *Confessio Amantis*(사랑하는 자의 고백)와 Boccaccio의 *Decameron*에서도 사용되었던 것이다.

*Canterbury Tales*는 기사와 방앗간 주인, 수도사, 신학생, 면죄부 판매승, 여수도원장 등 중세말기 영국사회를 구성하는 각계각층의 사람들을 망라하고 있다. Chaucer가 가진 위대성은 그가 창작 초기에 익혔던 프랑스어나 라틴어가 아닌 영어를 사용해 이 작품을 씀으로써 모국어가 가진 문학 언어로서의 가능성을 보여 주었다는 데 있다. 또한 이 작품 속에서 각 인물들의 신분, 복장, 지위 등에 대한 자세한 묘사를 통해 당시 영국사회를 사실적으로 보여주고 인간의 대표적 유형들을 창출해 냄으로써 문학적 리얼리즘을 달성했다는 데 있다.

그러나 이런 견해에 대해 반론을 제기하는 비평가도 있다. Daiches에 의하면 Chaucer가 살았던 시기는 일종의 격변기로서, 작품 속에서 그려진 얘기는 당시 실제 사실과는 거리가 있다는 것이다. 14세기 중반은 흑사병으로 인한 유럽인구 격감과 농민반란, 교회의 개혁 움직임 등이 있던 시기이지만 이런 중요한 역사적 사실들이 작품에는 반영되어 있지 않다. 그렇기 때문에 Chaucer를 가리켜 당대를 잘 표현한 작가로 규정하는 데는 문제가 있다는 것이다. 이미 사양길에 접어들고 있었던 봉건제도나 기사도 등이 *Canterbury Tales* 속에 언급된 것은 과거에 대한 향수 때문에 이들을 이상화시키는 행위이며, Chaucer는 이런 옛 것에 대한 집착을 통해 당대 사회의 모순과 고통에 대해 일종의 심리적 대응을 한 것이라고 볼 수 있다.

미완성 2편을 포함한 현존하는 *Canterbury Tales* 24편 전체의 논리적 순서에 대해 학자들은 명확한 결론을 내리지 못하고 있다. 그리고 Chaucer가 작품을 쓸 당시 인쇄술이 아직 제대로 발달되지 않은 상태였으므로 이 작품도 여러 종류의 필사본이 전해져 내려온다. 그러므로 편집자에 따라 텍스트들이 다를 수 있다는 점을 염두에 두어야 한다.

Chaucer는 각 이야기마다 일종의 프롤로그를 붙여 놓았는데, 위의 시는 *Canterbury Tales* 전체의 프롤로그이므로 이것들과 구별하기 위해 "General Prologue"(전체 860행)라는 제목이 붙어 있다. 여기에서 화자(Chaucer자신으로 되어 있다)는 다음날 캔터베리로 떠나기 위해 여관에 묵게 된 한 무리의 순례자 모임에 대해 설명하고 있다. 그는 각각의 순례자들에 대해 비교적 상세한 묘사를 하고, 일종의 게임으로 시작한 그들의 이야기가 모여 *Canterbury Tales* 전체가 될 것임을 암시한다.

인용된 것은 그 중 제1행부터 42행까지의 첫머리에 해당되는 부분으로, 이것은 다시 두 부분으로 나뉜다.

제1행 — 18행 서두(Exordium)부분: 봄에 꽃이 피고 새들이 울 때 사람들이 순례를 떠나는데, 특히 영국에서는 성 Becket 주교의 사당이 있는 캔터베리로 가고 싶어 한다는 것이다.

제19행 — 42행 타바드 여관(Tarbard)부분: 화자인 Chaucer는 자기와 같은 여관에 묵게 된 한 무리의 순례자들을 만나 그들과 인사를 나누고 다음날 일찍 일어나 함께 순례를 떠나기로 약속한다. 그 전에, 화자는 그들 한명 한명의 인상착의와 직업, 지위 등에 대해 묘사하겠다고 말하는데, 마지막 제42행은 어떤 기사(騎士)에 대한 묘사를 막 시작하는 부분이다.

Popular Ballads

Ballad는 이야기를 담고 있는 작자미상의 구전 민요를 말한다. Ballad가 문자로 정착된 이후에도 시인들은 이 전통적 형식으로 작품을 쓰기도 하는데 이를 'literary ballad'라고 부르며, 이와 구별하기 위해 전통적인 ballad를 'popular ballad' 혹은 'folk ballad'라고 부른다.

Ballad는 구전되면서 계속 수정되고 여러 갈래로 파생되는 과정을 거치게 된다. 그러므로 같은 ballad도 여러 개의 판이 존재하며, 다른 것처럼 보이는 여러 가지의 노래가 사실은 동일한 주제와 내용을 갖는 경우들도 많다. 또한 ballad는 기본적으로 노래로 만들어진 것이지만, 음악적인 부분을 제외한다고 해도 문학의 원초적인 형태로서의 그 중요성을 간과할 수 없다.

영국의 경우 ballad는 1200년경부터 1700년경까지 만들어진 것으로 되어 있다. 그것들 중에 소수만이 18세기 이전에 문자화되었고, 어떤 것들은 19세기가 되어서야 비로소 책으로 정리되었다. Ballad를 정리한 사람들 중에는 *Reliques of Ancient English Poetry*(옛 영국시의 유산, 1765)를 펴낸 Thomas Percy주교와 *The English and Scottish Popular Ballads*(잉글랜드 및 스코틀랜드 민요, 1882)를 펴낸 F. J. Child가 잘 알려져 있나.

Ballad는 보통 사랑이나 전쟁, 초자연적인 사건 등을 소재로 하는데, 특히 비극적 사건이 주종을 이룬다. 그러나 종종 해피엔딩으로 끝나는 경우들도 있다. 그밖에 실제 역사적 사건을 토대로 구성한 작품들도 있고, Robin Hood ballads의 경우처럼 실제의 역사인지 아닌지

애매한 경우들도 있다.

Ballad의 이야기 전개방식은 본질적으로 매우 단순하고 직설적이다. 또한 어떤 사건을 처음부터 끝까지 자세하게 이야기하기보다는 사건의 클라이맥스나 절정만을 다룸으로써 매우 간결한 구조를 갖는다. 이렇듯 이야기의 핵심에만 집중하고 나머지 부분은 이야기 속의 독백이나 대화를 통해 간단하게 언급함으로써 ballad는 매우 압축적이라는 느낌이 든다.

동시에 ballad는 음악적인 반복, 후렴구의 반복을 통해 이야기의 뻔히 보이는 결말로 곧장 나아가는 대신 멈칫 멈칫 이야기를 지연시킴으로써 오히려 긴장감을 더하기도 한다. 무엇보다도 ballad의 음악적, 반복적인 특성은 ballad가 일종의 주문(呪文)이나 제문(祭文) 혹은 기도문처럼 듣는 사람에게 최면적, 주술적 효과를 주는 역할을 한다.

여기에 실린 작품들은 독자들이 이해하기 쉽도록 현대식 철자로 바꾼 것이다. 그러나 원 ballad의 느낌이 나도록 원본의 영국 북부적 특성은 그대로 살린 것들이다.

1 Lord Randall

1

"O Where hae ye been, Lord Randall, my son?
O where hae ye been, my handsome young man?"
"I hae been to the wild wood; mother, make my bed soon,
For I'm weary wi' hunting, and fain wald lie down."

2

"Where gat ye your dinner, Lord Randall, my son?
Where gat ye your dinner, my handsome young man?"

"I dined wi' my true-love; mother, make my bed soon,
For I'm weary wi' hunting, and fain wald lie down."

3

"What gat ye to your dinner, Lord Randall, my son?
What gat ye to your dinner, my handsome young man?"
"I gat eels boil'd in broo; mother, make my bed soon,
For I'm weary wi' hunting, and fain wald lie down."

4

"What became of your bloodhounds, Lord Randall, my son?
hat became of your bloodhounds, my handsome young man?"
"O they swell'd and they died; mother, make my bed soon,
For I'm weary wi' hunting, and fain wald lie down."

5

"O I fear ye are poison'd, Lord Randall, my son!
O I fear ye are poison'd, my handsome young man!"
"O yes! I am poison'd; mother, make my bed soon,
For I'm sick at the heart, and I fain wald lie down."

주석

1] hae: have.
4] wi': with.
fain: gladly.
wald: would.
5] gat: got.
9] to your dinner: for your dinner.
11] broo: broth.
13] bloodhounds: 블러드하운드 (영국 원산의 후각이 발달한 사냥개).

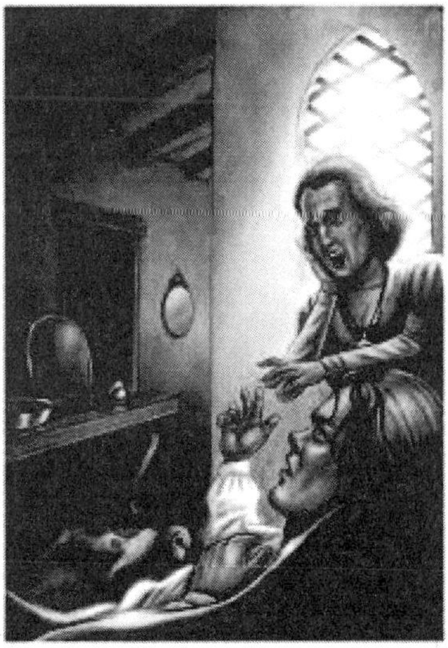

1

"오, 내 아들 랜들 경, 어디에 있었니?
오, 어디에 있었니, 잘 생긴 내 아들?"
"저는 숲에 갔었어요. 엄마, 빨리 잠자리 좀 펴주세요,
사냥하느라 지쳐서 눕고 싶어요."

2

"어디서 저녁은 먹었니, 내 아들 랜들 경?
어디서 저녁은 먹었니, 잘 생긴 내 아들?"
"여자 친구하고 먹었어요. 엄마, 빨리 잠자리 좀 펴주세요,
사냥하느라 지쳐서 눕고 싶어요."

3

"저녁으로 무얼 먹었니, 내 아들 랜들 경?
저녁으로 무얼 먹었니, 잘 생긴 내 아들?"
"장어죽을 끓여 먹었어요. 엄마, 빨리 잠자리 좀 펴주세요,
사냥하느라 지쳐서 눕고 싶어요."

4

"사냥개들은 어찌 되었니, 내 아들 랜들 경?
사냥개들은 어찌 되었니, 잘 생긴 내 아들?"
"오, 개들은 몸이 부어올라 죽었어요. 엄마, 빨리 잠자리 좀 펴주세요.
사냥하느라 지쳐서 눕고 싶어요."

5

"오, 네가 독을 먹은 것 같구나, 내 아들 랜들 경!

오, 네가 독을 먹은 것 같구나, 잘 생긴 내 아들"
"오, 그래요! 독을 먹었어요. 엄마, 빨리 잠자리 좀 펴주세요,
가슴이 아파 눕고 싶어요."

Lord Randall

(Englisches Volkslie)

2 작품분석

샐린저(Salinger)의 소설 『호밀밭의 파수꾼』(*The Catcher in the Rye*)에도 반복적으로 언급되는 이 시는, 귀족아들과 어머니의 대화로 구성되어 있는 전통적 ballad이다. 애인에게 독살 당하는 사람의 이야기는 덴마크와 독일, 스웨덴, 이탈리아 등 유럽 전역에서 공통적으로 발견되며, 여러 개의 판본이 존재한다.

내용 자체는 매우 단순하다. 사냥에서 돌아온 젊은이가 어머니로부터 계속 질문을 받는데, 그 대답을 통해 젊은이가 독을 먹었고 그래서 곧 죽을 운명임이 드러난다. 젊은이에게 독을 먹인 것은 여자 친구로

서 장어죽에 독을 넣은 것으로 보인다. 사냥개들도 아마 같은 음식을 먹었는지 몸이 부어올라 죽었다고 한다. 어머니는 자기 아들도 독을 먹었다는 결론에 이르게 된다. 따라서 아들이 자꾸 잠자리를 펴달라고 하는 것은 단지 피곤하기 때문만은 아니다. 그가 자려고 하는 잠은 비유적 잠으로 보인다. 죽음이 가까이 왔다는 말이다.

이 ballad의 첫 연에서는 외출했다가 돌아온 아들에게 어머니가 어디 갔다 왔느냐고 묻는다. 이것은 아들을 간섭하느라고 꼬치꼬치 묻는 질문은 아니다. 어머니는 아들을 '내 아들 랜들 경'이라든지 '잘 생긴 내 아들' 같은 호칭으로 부르는데, 여기에는 어머니로서의 애정이 묻어난다. 아들은 그저 숲에 사냥을 갔다 왔고, 그래서 피곤하다며 어머니에게 잠자리를 준비해 줄 것을 부탁한다.

둘째 연에서 어머니는 어디서 저녁은 먹었느냐고 묻는데, 이 역시 어머니로서 외출했다가 돌아온 아들에게 당연히 물을 법한 질문이다. 저녁을 굶은 채로 잠자리에 들어서는 안 된다고 생각하기 때문이다. 아들은 여자 친구와 저녁을 먹고 들어왔다고 말한다. 그러니 어머니가 걱정하지 않아도 될 법하다. 다만 피곤하니 잠자리를 펴달라고 어머니에게 부탁한다. 이로써 피곤해서 눕고 싶다는 후렴구가 두 번째 반복되는데, 아직은 분명치 않지만 독자들은 뭔가 잘못되지 않았는가 하는 느낌을 얼핏 받기 시작하게 된다.

셋째 연에서 어머니는 아들이 저녁으로 무엇을 먹었는지 궁금해 한다. 이 또한 어머니가 당연히 물을 법한 질문이다. 아들은 장어죽을 먹었다고 대답한다. 장어요리는 오늘날의 영국과는 달리, 중세와 르네상스 시대에는 영국에서 자주 먹는 음식이었다고 한다. 그러므로 이 시의 시대적 배경을 고려할 때 장어죽에 관한 언급은 아주 자연스러운 일이다. 문제는 피곤하여 눕고 싶다는 아들의 말이 또 다시 후렴구로서 반복된다는 것이다. 이쯤 되고 보면 독자들은 확실히 뭔가 잘못되어 있다는 느낌을 받게 된다.

넷째 연에서 어머니는 아들이 사냥에 데리고 갔던 사냥개들이 보이지 않는다는 사실을 새삼 느낀 것인지 사냥개들에 관해 묻는다. 사냥개들이 죽은 걸 보아 뭔가 사고가 있었음이 드러나게 된다.

다섯째 연에서는 더 이상 어머니의 질문이 없다. 이미 아들의 상황을 눈치챈 어머니는 반쯤 미친듯한 심정으로 아들이 독을 먹은 것 같다고 절규할 뿐이다. 아들이 '가슴이 아프다'(sick at heart)고 말하는 것은 중독증세가 나타났음을 보여 준다. 동시에 여자 친구에게 배신을 당해 가슴 아프다는 의미가 숨어 있을 수도 있다. 어쨌든 그는 가슴이 아프니 눕고 싶다는 말을 어머니에게 반복한다.

왜 하필 여자 친구가 남자를 독살하려고 했는지, 이 ballad에서는 이유가 나타나있지 않다. 남자가 남녀관계에서 무슨 큰 잘못을 저지르기라도 했나? 아니면 여자에게 다른 남자가 생긴 것인가? 다른 남자의 사주를 받고 여자가 범행을 저지른 것인가? 여러 가지 추측이 있을 수 있지만 역시 추측에 불과하다.

이 이야기의 다른 판본 중에는 열 개의 연으로 구성된 것이 있는데, 젊은이가 독을 먹은 것이 확실해진 이후에 이어지는 각 연에서 어머니는 아들에게 계속 질문을 한다. 아들의 죽음을 기정사실화하고 있는 것인지, 그 질문은 야박하게도, 아들이 가족들에게 무엇을 유산으로 남겨줄지를 묻는 것들이다. 아들의 죽음을 슬퍼하는 대신 아들이 죽기 전에 유언을 확실히 받아두려는 듯 어머니는 서둘러 질문을 한다. 어머니는 죽어가는 아들이 자신에게 무엇을 남겨줄 것인지, 또 여동생과 남동생에게 무엇을 남겨줄 것인지를 차례로 묻는다. 어머니도 여자 친구 못지않게 무섭다는 생각이 들게 만드는 부분들이다.

마지막 부분에 가서 어머니는 그러면 아들이 여자 친구에게는 무엇을 남길지 묻는다. 그러자 아들이 그녀는 지옥불에 떨어질 것이라('I leave her hell and fire')는 저주를 남긴다. 또 다른 판에 의하면 그녀에게 목을 맬 밧줄('A rope to hang her')을 남길 것이라고 말하기도 한다. 어쨌든 여기에 실린 다섯 개의 연으로 구성된 이 ballad만으로도 작품으로서의 완결성이 느껴지며 충분히 무시무시하다. 그런데 과연 이 이야기가 우리에게 말하려고 하는 것은 무엇일까? 아무도 믿지 말라는 것인가? 가장 가까운 사람을 가장 조심해야 한다는 것인가? 사랑의 배신이 가장 무섭다는 것인가?

3 The Demon Lover

"O where have you been, my long, long love,
This long seven years and more?"
"O I'm come to seek my former vows
Ye granted me before."

"O hold your tongue of your former vows,
For they will breed sad strife;
O hold your tongue of your former vows,
For I am become wife."

He turned him right and round about,
And the tear blinded his ee:
"I wad never hae trodden on Irish ground
If it had not been for thee."

"I might have had a king's daughter,
Far, far beyond the sea;
I might have had a king's daughter,

Had it not been for love o' thee."

"If ye might have had a king's daughter,
Yersell ye had to blame;
Ye might have taken the king's daughter,
For ye kend that I was nane."

"If I was to leave my husband dear,
And my two babes also,
O what have you to take me to,
If with you I should go?"

"I hae seven ships upon the sea,
The eighth brought me to land;
With four-and-twenty bold mariners,
And music on every hand."

She has taken up her two little babes,
Kiss'd them baith cheek and chin;
"O fair ye weel, my ain two babes,
For I'll never see you again."

She set her foot upon the ship,
No mariners could she behold;
But the sails were o' the taffetie,
And the masts o' the beaten gold.

They had not sailed a league, a league,
A league but barely three,
When dismal grew his countenance,
And drumlie grew his ee.

They had not sailed a league, a league
A league but barely three,
Until she espied his cloven foot,

And she wept right bitterlie.

"O hold your tongue of your weeping," says he,
"Of your weeping now let me be;
I will show you how lilies grow
On the banks of Italy."

"O what hills are yon, yon pleasant hills,
That the sun shines sweetly on?"
"O yon are the hills of heaven," he said,
"Where you will never win."

"O whaten a mountain is yon," she said,
"All so dreary wi' frost and snow?"
"O yon is the mountain of hell," he cried,
"Where you and I will go."

He struck the tapmast wi' his hand,
The foremast wi' his knee;
And he brak that gallant ship in twain,
And sank her in the sea.

주석

9] him: himself.
10] ee: eye.
11] wad never hae: would never have.
18] Yersell ye had to blame: You had to blame yourself.
20] kend: knew.
nane: none.
30] baith: both.
31] weel: wel.
ain: own.
35] taffetie: taffeta. 태피터, 호박단(광택이 있는 얇고 빳빳한 옷감).
37] league: 거리의 단위(약 5km 정도의 거리).
38] three: three leagues.
40] drumlie: gloomy.
43] espied: caught sight of.
52] win: reach.
57] tapmast: topmast(중간돛대).
58] foremast: fore mast(뱃머리에 가장 가까운 돛대).
59] brak: broke.
60] her: 배를 말함.

"오, 어디에 계셨어요, 나의 오랜 사랑이여,
　그 긴 칠 년이 넘는 세월동안?"
"오, 나는 당신이 전에 허락했던
　나의 옛 사랑의 맹세를 지키려고 돌아왔소."

"오, 옛 사랑의 맹세 따위는 말도 마세요,
　그걸 지키려면 아주 힘드니까요.
오, 옛 사랑의 맹세 따위는 말도 마세요,
　저는 딴 남자의 아내가 되었으니까요."

그는 곧장 몸을 돌렸다,
　눈물이 앞을 가렸기 때문이다.

"당신이 아니었더라면
아일랜드 땅을 다시는 밟지 않았을 것이오."

"나는 공주와 결혼할 수도 있었소,
바다 건너 먼 곳에 있는.
나는 공주와 결혼할 수도 있었소,
당신에 대한 사랑이 아니었다면."

"당신이 공주와 결혼할 수 있었다면,
이건 후회할 일이에요.
당신은 공주와 결혼하는 게 나았을 거예요,
아시다시피 저는 아무 것도 아니잖아요."

"내가 만일 귀한 내 남편과
두 아이를 버린다면,
오, 당신은 어디로 나를 데려갈 건가요,
내가 당신을 따라간다면?"

"바다에 내 배가 일곱 척이나 있소.
나는 여덟 번째 배를 타고 육지에 내렸소.
용감한 선원들도 스물네 명이나 데리고 있고
모두들 악기를 연주할 수 있다오."

그녀는 두 아이를 안아 올리고는
뺨과 턱에 키스를 했다.
"오, 잘 있거라, 내 아이들아,
다시는 못 만날 테니."

그녀는 배에 올랐지만,
　선원들은 볼 수 없었다.
그러나 돛은 태피터 천으로 되어 있었고,
　돛대는 금으로 만들어져 있었다.

그들이 십리, 십리,
　십리를 항해해서 채 삼십리도 가기 전에,
갑자기 그의 얼굴빛은 어두워지고
　그의 눈빛은 우울해졌다.

그들이 십리, 십리,
　십리를 항해해서 채 삼십리도 가기 전에,
그녀는 그의 갈라진 발굽을 보게 되었다,
　그래서 그녀는 몹시 슬프게 울었다.

"오, 제발 그만 우시오," 그가 말한다,
　"이제 내가 대신 울겠소,
나는 당신에게 백합꽃이 핀
　이탈리아의 언덕을 보여주겠소."

"오, 저기에 있는 저 아름다운 언덕은 무슨 언덕이지요?
　햇빛이 아름답게 비추고 있는 저 언덕 말이에요."
"오, 저 언덕은 천국의 언덕이오," 그는 말했다,
　"당신은 결코 가지 못할 곳이오."

"오, 저기에 있는 것은 무슨 산이지요?" 그녀가 물었다,
　"온통 서리와 눈으로 덮인 음산한 산 말이에요."

"오, 저것은 지옥의 산이오," 그가 외쳤다,
　"당신과 내가 갈 곳이오."

그는 중간돛대를 손으로 치고,
　뱃머리 돛대를 무릎으로 쳤다.
그는 그 웅장한 배를 두 쪽 내어,
　바다에 가라 앉혔다.

The Demon Lover

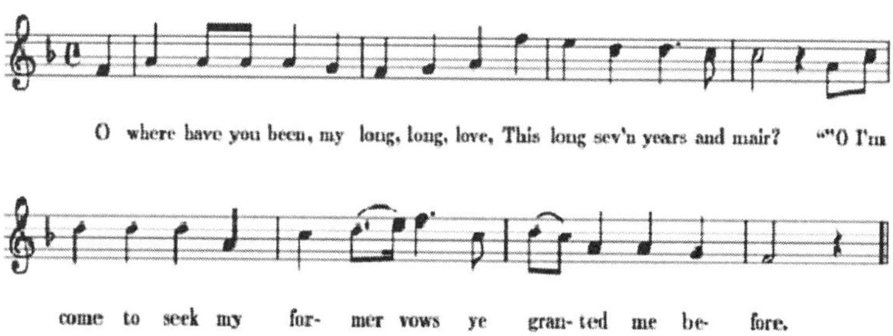

4 작품분석

이 작품은 "James Harris" 혹은 "James Herries" 등의 제목으로 알려진 Scotland의 유명한 ballad로서, 미국판의 제목은 "The House Carpenter"이다. 이 ballad는 오랜 세월 후에 과거의 여자 친구에게 돌아온 남자가 여자를 파멸에 빠뜨리는 이야기를 담고 있다.

여기에 실린 이 ballad의 첫머리에는 헤어진 후 7년 만에 옛사랑을 찾아온 남자가 등장한다. 그러나 이미 남자의 옛 애인은 다른 남자의 아내가 되어 있다. 남자는 바다 멀리에 있는 어느 나라 공주와 결혼을

할 수도 있었지만, 과거 애인에 대한 사랑 때문에 영화를 포기하고 찾아왔노라고 말한다. 여자는 남편과 자식들을 버리고 남자를 따라갈 경우 어떤 미래가 자신을 기다리고 있을지 궁금해 한다. 남자는 자기에게 여덟 척(어떤 판본에는 여섯 척)의 배와 스물네 명(어떤 판본에는 백 이십 명)이나 되는 부하 선원들이 있다고 말한다. 부하들이 악기를 연주할 수 있다는 말은 남자를 따라갈 경우 여자가 즐길 음악이 있는 행복한 미래를 암시하는 것이다.

남자의 유혹에 바로 넘어간 여자는 두 아이와 작별인사를 하고 배에 올랐지만, 남자의 말과 달리 선원들은 보이지 않는다. 여기부터 뭔가 잘못되어 있을지도 모른다는 느낌이 든다. 배가 항해한지 얼마 되지 않아 남자의 얼굴빛은 어두워지고, 여자는 남자의 갈라진 발굽을 보게 되어 그가 악마였음을 알게 된다. (다른 판본에 의하면 항해한지 두 주가 지나지 않아 여자가 몹시 슬피 울기 시작하는데, 남자가 이유를 묻자, 여자는 두고 온 집이나 땅이나 재산, 남편 때문이 아니라 다시는 볼 수 없는 아이들 때문이라고 말한다). 이때 해가 따스하게 비추고 있는 아름다운 언덕이 보이는데, 남자는 그것은 천국이지만 자신들이 갈 수 있는 곳이 아니라고 말한다. 대신 서리와 눈으로 온통 덮여 있는 산이 자신들의 목적지인 지옥이라고 말하면서, 배를 두 동강을 내어 침몰하게 만든다(다른 판본에는 항해한지 세 주가 지나지 않아 배에 물이 새어 들어와 가라앉기 시작하는데, 이때 여자는 죽어가면서 천국의 모습과 자신들의 목적지인 지옥의 모습을 보는 것으로 되어 있다).

기이하기 짝이 없는 이 ballad가 궁극적으로 전하고자 하는 뜻은 무엇일까? 돌아온 과거의 애인이 사실은 악마였음이 나중에 밝혀지는데, 칠 년 전에도 악마였던 것은 아닐 것이며 악마라는 사실을 모르고 사귄 것도 아닐 것이다. 남자가 악마로 밝혀지는 것은 여자가 악마의 유혹 같은 것에 결국 넘어갔다는 것을 비유적으로 표현한 것으로 보아야 할 것이다. 처음에 여자는 자신이 결혼한 여자임을 밝히면서 가정을 지키려 한 것으로 보인다. 그러나 남자가 엄청난 부자라는 사실을 알자마자 남편과 자식들을 버리고 남자를 따라 나선다. 돈에 대한 지나친 탐욕이 어머니로서의 애정도 이기고, 결국 여자는 파멸을 맞게 된다. 여자는 약하지만 어머니는 강한 법인데, 여기에서는 욕심이 모정을 넘어서게 된다.

얼핏 보면 이 이야기는 남자의 음흉한 정체를 모르고 유혹에 빠져 불행한 결말을 맞게 되는 불쌍한 여인의 이야기처럼 보이지만, 악마는 남자가 아니라 그런 유혹에 빠지는 탐욕스런 여자의 마음이 바로 악마라고 말하는 것 같다. 말하자면 이 남자는 여자의 마음속에 깃들어 있는 탐욕을 형상화하고 있는 것으로 보인다. 탐욕을 쫓는 결과는 결국 지옥의 파멸뿐이다.

16세기

(The Sixteenth Century: 1485-1603)

Sir Thomas Wyatt

Henry Howard, Earl of Surrey

Edmund Spenser

Sir Philip Sidney

Christopher Marlowe

Sir Walter Raleigh

William Shakespeare

Thomas Nashe

Michael Drayton

Thomas Campion

Sir Thomas Wyatt
(1503–1542)

1 작가의 생애와 작품경향

Wyatt은 Kent주의 Allington Castle에서 태어나 Cambridge대학을 졸업했다. 그는 Henry 8세 궁정에서 일을 하기도 했지만, 생애의 많은 부분을 외교관으로 해외에서 보냈다. 그는 두 번이나 투옥되는 등 파란만장한 삶을 살았는데, 특히 두 번째에는 Henry 8세의 둘째 왕후인 Anne Boleyn이 결혼하기 전에 그의 연인이었다는 의심을 받아 투옥되고 재산을 모두 몰수당하기도 했다. 그가 감옥에 갇혀 있을 동안 Anne 왕후는 처형되었고, 그는 나중에 사면을 받기는 했지만 40세도 채 되기 전에 병으로 사망했다.

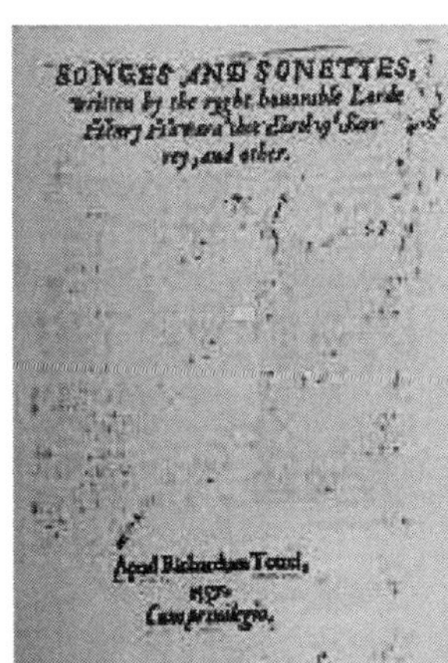
SONGES AND SONETTES,

오랜 해외생활은 그에게 외국문학, 특히 이탈리아 문학에 관심을 갖도록 해 주어 그는 소네트 작가인 Francesco Petrarch(1304-1374)의 작품을 번역하고, 이를 모방하여 시를 쓰기도 했다. 그러나 그의 시 중에서 생전에 출판된 것은 극소수에 불과했다. 사후에 출판된 시집 중 가장 잘 알려진 것은 *Songs and Sonnets*로 불리는 *Tottel's Miscellany*(1557)로서, 이 책은 Richard Tottel이라는 인쇄업자가 Wyatt의 시 97편과 Surrey의 시 40편, Grimald의 시 40편 등과 함께 작자미상의 시 94편 등 총 271편을 모아 실은 일종의 합동시집의 형태를 띠고 있었다. 이 시집 발간은 주제나 형태면에서 더 발전되어 있었던 유럽의 시문학이 영국에 도입되는 중요한 계기가 되었다.

Wyatt의 중요한 문학적 업적 중의 하나는 이탈리아의 소네트를 처음 영국에 들여왔다는 데 있다. 그가 도입한 소네트는 주로 사랑을 주제로 한 14행의 정형시로서, 소네트의 제약된 행수와 각운의 규칙 등은 적절한 비유와 압축된 표현을 담아내는 새로운 형식적 틀을 영시에 제공해 주었다. Wyatt에게 주로 영향을 미쳤던 이탈리아의 소네트 작가는 Petrarch이었지만, Wyatt의 시적 경향은 Petrarch의 소네트와는 사뭇 달랐다. Petrarch풍의 소네트는 사랑을 이루지 못한 남성 화자가 냉정하고 도도한 여인을 향해 이룰 수 없는 사랑의 하소연을 하는 방식을 취하지만, Wyatt의 소네트는 훨씬 쾌활하고 빠르며 남성적인 특성을 가지고 있다.

[2] The Long Love That in My Thought Doth Harbor

The long love that in my thought doth harbour,
And in mine heart doth keep his residence,
Into my face presseth with bold pretense
And therein campeth, spreading his banner.
She that me learneth to love and suffer
And wills that my trust and lust's negligence
Be reined by reason, shame, and reverence

With his hardiness taketh displeasure.
Wherewithal unto the heart's forest he fleeth,
Leaving his enterprise with pain and cry,
And there him hideth, and not appeareth.
What may I do, when my master feareth,
But in the field with him to live and die?
For good is the life ending faithfully.

주석

2] in mine heart: in my heart.
3] Into my face presseth: presses into my face(얼굴로 침입하다. 얼굴로 밀고 들어오다).
with bold pretense: making bold claim(대담하게 주장하며).
4] his banner: 시인 얼굴에 나타난 홍조(the poet's blush)를 가리킨다.
5] learneth: teaches.
6] trust: confidence in her love(그녀의 사랑을 믿는 것).
lust's negligence: careless revelation of love(sexual desire) for her(부주의하게 자신의 욕정을 드러내는 것).
7] shame: modesty, shamefastness(조신함).
9] heart's forest: Petrarch의 시에는 없는 구절. "heart's"는 "hart's(사슴)"의 pun.
10] pain and cry: painful cry. 일종의 이사일의(二詞一意 hendiadys). 두 개의 단어가 한 가지의 단일한 의미를 가지도록 하는 표현법.
11] him hideth: hides himself.
12] my master: love.
13] field: 제9행에서 사랑은 이미 숲으로 달아났으므로 함께 들판에 남아 있겠다는 것은 모순으로 볼 수도 있고, 아니면 이 field를 'forest'의 의미로 볼 수도 있다.

내 머리 속에 숨어 있고
내 마음 속에 살고 있는 오래된 사랑이
대담하게 자기 땅이라고 주장하며 내 얼굴로 진격해서
거기다 진을 치고 군기를 휘날린다.
그녀는 내게 사랑과 그 고통을 가르치며

내가 믿음과 욕정을 부주의하게 드러내는 것을
이성과 조신함과 공경심으로 통제하도록 만들고
그 사랑의 고집스러움에 불쾌감을 표시한다.
그러자 사랑은 고통스럽게 울부짖으며 일을 내팽개치고
마음의 숲 속으로 달아나
그곳에 숨어서 모습을 나타내지 않는다.
나의 주인이 두려워하는데, 내가 무엇을 할 수 있으랴?
들판에서 그와 함께 살다 죽는 것 밖에.
지조를 지키다 죽는 것이 훌륭한 삶이니까.

3 작품분석

이 시는 원래 Wyatt이 쓴 작품이 아니고 Petrarch의 소네트를 번역한 것이다. 당시는 오늘날과 같은 저작권의 개념이 명확치 않았기 때문에 자신의 창작이 아닌 번역 작품에 원작자를 명시하지 않는다고 해도 별다른 문제가 되지 않았다. 이 Petrarch의 소네트는 Wyatt과 동시대인인 Surrey도 번역을 했고, 이 때문에 이 두 종류의 번역은 여러 가지 측면에서 비교된다. 다음 장에서 Surrey의 번역을 다룰 때 둘의 차이를 설명할 것이지만, 그에 앞서 Petrach의 원작과 Wyatt의 번역 사이의 내용 및 각운 등의 차이를 설명하기 위해 편의상 먼저 Petrarch의 원문과 그것의 축자적 번역에 가까운 영역본을 인용한다.

Amor, che nel penser mio vive e regna,
E 'l suo seggio maggior nel mio cor têne,
Talor armato ne la fronte vêne:
Ivi si loca, et ivi pon sua insegna.

Quella ch' amare e sofferir ne 'nsegna,
E vôl che 'l gran desio, l' accesa spene
Ragion, vergogna e reverenza affrene,
Di nostro ardir fra sé stessa si sdegna.
Onde Amor paventoso fugge al core,
Lasciando ogni sua impresa, e piange e trema;
Ivi s'asconde, e non appar piú fôre.
Che poss' io far, temendo il mio signore,
Se non star seco infin a l' ora estrema?
Ché bel fin fa chi ben amando more.

Love, who lives and reigns in my thought
And keeps his principal seat in my heart,
Sometimes comes forth all in armor into my forehead,
There camps, and there sets up his banner.
She who teaches us to love and to be patient,
And wishes my great desire, my kindled hope,
To be reined in by reason, shame, and reverence,
At our boldness is angry within herself.
Wherefore Love flees terrified to my heart,
Abandoning his every enterprise, and weeps and trembles;
There he hides and no more appears outside.
What can I do, when my lord is afraid,
Except stay with him until the last hour?
For he makes a good end who dies loving well.

원래의 Petrarch 소네트는 각운이 abba abba cdc cdc로, 이탈리아 소네트의 전형적인 각운 구조를 가지고 있다(그에 반해 영역본은 일정한 각운을 전혀 살리지 못하고 있다). Wyatt은 Petrarch의 소네트를 번역하면서 원작의 각운구조를 그대로 살리려 노력했던 것 같다. 얼핏 볼 때 Wyatt의 소네트는 전반부의 각운이 abba abba로서, 역시 이탈리아 소네트 형식을 갖고 있는 것처럼 보인다. 그러나 자세히 살펴보면 1, 4, 5, 8행의 각운이 일치하지 않는다. 각운이란 강세가 오는 마지막 음절들이 반드시 일치해야 하는데, 이들 시행의 경우는 맨 나중의 약음절 부분만 일치할 뿐, 그 앞에 오는 강음절 부분이 전혀 일치하지 않기 때문이다. 그만큼 이탈리아 소네트형식의 시를 영어로 쓰기란 쉽지 않다. 이탈리아어는 영시보다 같은 음으로 끝나는 단어들이 풍부하므로 그런 형식을 비교적 쉽게 쓸 수 있겠지만, 애초에 이탈리아에서 소네트를 배워온 Wyatt조차 이탈리아 소네트 형식의 운용에 어려움을 겪었던 것이다. 따라서 영어의 특성에 맞는 새로운 소네트 형식이 필연적으로 요구되었고, 그런 형식은 Wyatt과 동시대인이면서도 연배가 낮은 Surrey에 의해 만들어지게 되었다.

이탈리아 소네트 형식은 내용이 보통 전반부 8행(octet)과 후반부 6행(sestet)으로 나뉘며, 전반부에서 문제를 제시하고 후반부에서 문제를 해결하는 방식을 취한다. 이 시는 전반부에서 화자의 사랑에 대해 여인이 냉담한 반응을 보임으로써 화자가 고민에 빠졌다는 것을 말하고, 후반부에서는 그런 상황에 대한 화자 나름의 대응방식을 제시한다.

제1-4행에서 화자의 사랑은 군인 혹은 무사(武士 warrior)의 이미지로 나타난다. 이 사랑은 단기간에 생긴 것이 아니라 '오래된 사랑'(long love)으로서 그의 머리와 가슴 속에 자리를 잡고 있다. 말하자면 그의 지성과 감성을 송두리째 지배하고 있는 존재이다. 그렇게 남성 화자 속에 숨어 있는 사랑은 연모하는 여인을 만나자 밖으로 나오게 된다. 이것은 군대가 이동하여 새로운 곳에 진을 치고 군기를 휘날리는 것처럼 묘사된다. 군기를 휘날렸다는 것은 화자가 가슴속에 있던 사랑의 마음을 얼굴에 홍조(紅潮, blush)로써 표현했다는 뜻이다.

제5-8행에서는 이에 대한 여인의 반응이 묘사되고 있다. 여인은 화자의 사랑을 받아들이지 않고, 화자의 태도에 불쾌감을 나타낸다. 여기서 여인은 화자에게 사랑과 그 고통을 알게 해준 존재로 묘사된다. 그런 그녀는 자신의 사랑이 받아들여지리라고 믿는 화자의 마음(trust)과 그 남성 화자의 욕정이 함부로 드러나는 것(lust's negligence)을 싫어하며, 그런 것들이 '이성과 조신함과 공경심으로 통제'(reined by reason, shame, and reverence)되기를 바란다. 이 말은 화자가 환상을 버리고 제정신을 차려 여인의 본마음을 존중하고 함부로 나서서 구애하지 말기를 바란다는 뜻이다.

제9-11행에서는 여인의 완강한 태도에 직면한 화자의 태도가 나타난다. 그는 고통스럽게 울부짖으며 그곳으로부터 도피해서 자기의 연애사업을 포기하고 숨어버린다. 그런데 시에서 표현된 바에 따르면, 사실상 도피한 사람은 화자 자신이 아니라 그의 사랑이다. 말하자면 이 시에서 화자와 그의 마음속에 깃들어 있는 사랑은 별개의 존재처럼 나타난다. 여기서 한 가지 주목할 만한 것은, 인용한 Petrarch시의 영역본을 참고로 살피자면, 그 여인이 사랑과 그 고통을 가르쳐준 존재는 화자만이 아니라 화자와 그의 사랑을 합친 개념인 '우리'이며(teaches us to love and to be patient), 그녀가 불쾌감을 표시한 대상도 사랑만이 아닌 바로 '우리'가 보여준 대담함(At our boldness)이라고 말한다. 이렇듯 Petrarch의 시에서는 화자와 그의 사랑이 분리되기도 하고 섞이기도 하는 혼란스런 양상이 나타난다.)

제12-14행에서는 화자의 사랑이 자기의 주인(master)으로 묘사되어 있다. 화자 자신은 주인인 사랑의 뜻을 따를 수밖에 없는 종 같은 존재라는 의미이다. 그는 주인인 사랑이 두려워서 나서지 못하는데 자신이 무슨 일을 할 수 있겠느냐고 말하며, 주인과 함께 목숨을 같이 할 것이라고 결의를 다진다. 이 말은 비록 여인이 자신의 사랑을 거부했지만, 여인에 대한 사랑을 죽을 때까지 포기하지 않으리라는 것이다. 그리고 그렇듯 지조를 지키며 살다가 죽는 삶이 훌륭한 삶이라고 결론을 내린다.

Petrach의 소네트들이 으레 그렇듯이 이 시에서도 역시 남자의 사랑은 이루어지지 못한다. 시적 대상이 되는 이상적인 여인과 그 여인을 연모하는 화자 사이에는 건널 수 없는 강이 존재한다. 대상과 화자 사이의 절대적인 거리감이 Petrarch의 소네트에는 늘 상정되어 있다. 그러므로 남성 화자가 할 수 있는 일은 고상하고 도도하며 차갑기 짝이 없는 여인에 대한 이룰 수 없는 사랑을 애달파하고 하소연하는 것 밖에 없다.

Henry Howard, Earl of Surrey
(1517–1547)

[1] 작가의 생애와 작품경향

Surrey는 양친 모두 왕가 출신으로, 할아버지와 아버지의 대를 이어 군인이 되었다. 17세에 작위를 받았고, Henry 8세의 딸과도 혼담이 있었으나 Oxford백작의 딸과 결혼했다. 가톨릭을 두둔한 혐의로 왕의 처가인 Seymour가에 의해 2년간 감금되기도 했고, 결국 그들의 모함으로 반역자로 몰려 30세가 되기 전에 참수형을 당했다.

Surrey의 시는 대부분 갇혀 있을 때 쓴 것으로 추정된다. 그는 Wyatt을 추종하여 이미 Wyatt이 번역한 Petrarch의 소네트를 다시 번역하기도 했다. 그의 시들은 Wyatt의 시 등과 함께 인쇄업자 Tottel이 엮은 *Tottel's Miscellany*에 실렸다.

Surrey가 영문학사에서 갖는 중요성은 우선 Wyatt에 의해 도입된 이탈리아의 소네트를 영어의 특성에 맞게 영국형의 소네트(English sonnet)로 발전시켰다는 데 있다. 전반부 8행(octet)과 후반부 6행(sestet)로 구성된 이탈리아 소네트 형식과는 달리, 영국 소네트는 세 개의 4행연구(quartets)와 각운을 이루는 2행연구(couplet) 하나로 이루어지는 abab cdcd efef gg의 형태를 가진다. 이 소네트 형식은 나중에

Shakespeare에 의해 집중적으로 쓰이면서 영국형의 소네트로 완전히 자리를 잡게 된다.

두 번째로 Surrey는 영국시인으로서는 최초로 무운시(無韻詩)를 썼다는 것이다. 무운시는 각운이 없는 약강5보격(unrhymed iambic pentameter)의 운율을 쓰는 시의 형태로서, 그가 Virgil의 *Aeneid* 제2권과 4권을 번역할 때 사용했다. 짧은 서정시가 아닌 서사시와 같은 장시를 쓸 때 끝까지 각운을 계속 지키기란 쉽지 않았을 것이다. 각운을 쓰지 않을 경우, 각운도 제대로 운용하지 못하는 서툰 시인이라는 비난을 받을 것이기 때문에 시인들이 각운을 포기하는 일도 쉽지 않았을 것이다. Surrey는 무운시의 형태를 과감히 씀으로써 나중에 Milton이 *Paradise Lost*(실락원), *Paradise Regained*(복락원) 등의 서사시를 쓸 때 각운의 방해를 받지 않고 시상을 자유로이 전개할 수 있는 길을 터놓았다.

2 Love, That Doth Reign and Live Within My Thought

Love, that doth reign and live within my thought,
And built his seat within my captive breast,
Clad in the arms wherein with me he fought,
Oft in my face he doth his banner rest.
But she that taught me love and suffer pain,
My doubtful hope and eke my hot desire
With shamefast look to shadow and refrain,
Her smiling grace converteth straight to ire.
And coward Love, then, to the heart apace
Taketh his flight, where he doth lurk and plain,
His purpose lost, and dare not show his face.
For my lord's guilt thus faultless bide I pain,

Yet from my lord shall not my foot remove:
Sweet is the death that taketh end by love.

주석

6] eke: also.
7] shamefast: modest(점잖은, 조신한).
10] plain: complain(푸념하다).
12] bide: endure.

내 머리 속에 살며 다스리시고
내 사로잡힌 가슴 속 권좌에 앉아 계시는 사랑은
갑옷을 입으시고 그 속에서 나와 갈등하며
종종 내 얼굴에 군기를 꽂으신다.
그러나 사랑하고 고통을 참는 법을 내게 가르쳤던 그녀는
나의 의심스런 희망과 뜨거운 욕망을
조신한 표정으로 보이지 않게 하고 삼가도록
우아한 미소를 곧장 노여운 표정으로 바꾼다.
그러자 겁쟁이 사랑은 마음속으로 잽싸게 달아나,
거기서 잠복한 채 푸념을 하시며,
자신의 목적을 상실하고는 얼굴을 내 보이지 않으신다.
그래서 내 주군의 죄 때문에 잘못도 없는 나는 고통을 참아야 한다.
그러나 내 주군에게서 나는 떠나지 않을 것이다.
사랑으로 끝내는 죽음은 달콤한 법이니.

3 작품분석

Surrey의 이 소네트는 앞서 살펴본 Wyatt의 소네트와 마찬가지로 Petrarch의 소네트를 번역한 것이므로(앞 장 설명 참조) 그 내용은 크게 다를 바 없다. 따라서 여기서는 시의 내용을 반복하여 살피기보다는 Wyatt번역과의 차이점을 분석해 보는 것이 더 도움이 될 것으로 보인다. Surrey의 번역은 abab cdcd efef gg의 각운구조를 갖고 있는 영국 소네트 형식을 사용하고 있다. 영국형의 소네트는 전체가 네 개의 부분으로 되어 있고, 내용은 이른바 기-승-전-결의 흐름을 가진다.

Wyatt과 Surrey의 번역상의 차이점은 우선, Wyatt의 번역에서 '주인'(master)으로 언급되었던 화자의 사랑이 Surrey의 번역에서는 '주군'(제11행 lord)으로 지칭된다. 그래서 그 사랑은 나라를 다스리듯이 화자의 머릿속을 '다스리시는'(제1행 reign) 존재로 나타난다. 그런 점에서 제2행에서 화자의 가슴 속에 '자리를 잡았다'(built his seat)는 말은 사랑이 그야말로 왕권을 단단히 다지고 권좌에 앉아 계신다는 뜻으로 보인다. 이와 관련하여 Wyatt과는 달리 Surrey는 왕가 출신이었다는 점은 흥미롭다.

얼굴로 진격을 해서 진을 치고 군기를 휘날리는 당당한 군주이신 화자의 사랑은 시의 두 번째 부분에서 강력한 적군을 만나듯 완강한 여인의 태도를 만나게 된다. Wyatt은 화자가 여인과의 사랑의 가능성에 대해 기대하는 것을 '믿음'(trust)이라고 표현한데 반해, Surrey는 이것을 단지 '의심스런 희망'(doubtful hope)에 불과하다고 말한다. 또 Wyatt이 여인에 대해 갖는 화자의 수상한 마음을 바로 '욕정'(lust)이라고 노골적으로 표현한데 반해, Surrey는 '뜨거운 욕망'(hot desire)이라는 좀 더 점잖은 표현으로 대신한다. Wyatt의 여인은 남자가 그런 믿음과 욕정을 통제하기를 바라는데, 그가 쓴 'reined'라는 표현은 원래 고삐를 잡아당겨 달리는 말을 제어한다는 뜻으로 굉장한 힘과 노력을 요구하는 일이다. 그에 반해 Surrey의 여인은 남자가 그런 희망과 욕망을 제어하기보다는, 그냥 보이지 않게 가려주기를(shadow) 바란다. 말하자면 Wyatt은 남자의 그런 마음을 '욕정'으로 규정하고 자신의 의지로 통제하기를 바라는데 반해, Surrey는 그것을 그저 드러나지 않게 은폐하기만 하면 된다는 것이다. 이렇듯 Wyatt의 화자는 자신에 대해 솔직하고 인간의 내면에 대해 관심을 갖는 대신, Surrey의 화자는 남에게 드러나는 사물의 외양에 대해서만 주로 관심을 갖는다.

세 번째 부분에서는 두 시 모두, Petrarch 소네트의 내용과 같이, 화자들의 사랑이 자신들의 본래 목적을 상실한 채 고통스럽게 울부짖으며 마음속으로 달아나 숨어버리는 모습을 보여 준다. 너무 기계적으로 따질 필요는 없겠지만 사랑이 원래 깃들어 있던 곳은 머리와 가슴 속 두 부분으로 되어 있었는데, 얼굴에 나타났다가 다시 돌아간 곳은 가슴으로만 되어 있다. 이것은 Petrarch나 Wyatt, Surrey의 시에서 모두 동일하다. 다만 Wyatt의 시에서는 마지막 부분에 시의 화자가 '마음의 숲'(heart's forest)이 아닌 '들판'(field)에서 사랑과 함께 살다 죽겠다고 말한다. 갑자기 왜 들판이 언급되었는지 의아한 일이다. 그래서 어떤 이들은 이 부분은 시의 흐름에 어긋나는 모순이라고 말하고, 또 어떤 이들은 '들판'을 '숲'으로 해석해서 역시 그냥 마음속에 머물고 있겠다는 식으로 해석하기도 한다. 그런 해석보다는 이 'field'를 '싸움터' 정도의 의미로 보아, 자신의 주인 혹은 주군인 사랑과 함께 이 싸움터를 지키겠다는 뜻으로 본다면 큰 문제는 없을 것이다. 어쨌든 Petrarch나 Surrey의 번역을 보았을 때 전체적으로 시의 화자는 마음속에 다시 숨어든 사랑과 함께 운명을 같이 하겠다고 다짐하는 것으로 보아야 할 것이다. 비록 여인이 자신의 사랑을 받아들이지 않았지만 결코 마음을 바꾸거나 배신하지 않고 여인에 대한 지조를 지키리라고 하는 것이다.

세 시인의 시 모두에서 사랑이 두려워한다는 표현을 쓰고 있지만, 특히 Surrey의 시 세 번째 부분에서는 그런 사랑을 '겁쟁이'(coward Love)라는 표현을 써가며 직접적으로 몰아붙인다. 이런 태도는 마지막 네 번째 부분에서 Surrey가 모든 책임을 사랑에게 돌려 '내 주군의 죄 때문에'(For my lord's guilt) '잘못도 없는'(faultless) 자신이 고통을 당한다고 말하는 것과 유사하다. 사실상 화자와 사랑은 별개의 인격적 존재가 아니라 바로 화자자신이므로, 죄가 있다면 그것은 바로 화자자신의 죄라고 볼 수 있다. 그럼에도 불구하고 자신의 잘못을 사랑에게 돌리는 책임 회피적 태도를 보여 준다.

Edmund Spenser

(1552–1599)

1 작가의 생애와 작품경향

영국 르네상스 시대의 대표적 시인인 Edmund Spenser는 1552년 런던에서 출생하여 Cambridge대학을 다녔다. 그는 대학시절에 Petrarch 등의 시를 번역하면서 시문학에 대한 소양을 쌓았고, 나중에 Sir Philip Sidney 등을 만나면서 문학적 발전을 이루었다.

Spenser는 1579년 27세의 나이로 *The Shepherd's Calendar*(목동의 달력)를 발표하여 시인으로서 자리를 잡았다. 이 작품은 Virgil의 목가시(牧歌詩, eclogue)를 본딴 것으로서, 목동이 일 년 열두 달을 노래한 12개의 목가로 구성되어 있다. 그는 이 작품을 자신의 문학적 후원자였던 Sidney에게 헌정했다.

그 직후에 Spenser는 *The Faerie Queene*(요정여왕)의 집필을 시작했는데, Elizabeth 여왕의 총애를 얻지 못하자 비서로서 총독인 Lord Grey를 따라 아일랜드로 갔다. 1589년에는 런던으로 돌아와 *The Faerie Queene* 전편 3권을 출판하였다. 이 우화시는 요정여왕의 이야기를 통해 청교도와 개신교를 옹호하고 Elizabeth 여왕을 찬미한 작품이다. *The Faerie Queene*은 Elizabeth 여왕으로부터 높은 평가를 받았지만 궁정에서 관직을 얻지 못하자 그는 다시 아일랜드로 돌아갔고, 그 후 거의 평생을 아일랜드에서 보냈다.

아일랜드에서 Spenser는 나중에 아내가 된 Elizabeth Boyle에 대한 연모의 정을 노래한 소네트 연작(sonnet cycle) *Amoretti*(小曲, 1595), 그녀와의 결혼의 축복을 기원하는 *Epithalamion*(결혼축가, 1595)을 쓰고, *The Faerie Queene* 후편 3권(1596)을 출판했다. 그러나 1598년에 아일랜드에서 반란이 일어나 저택이 불타 소실되자 난을 피해 런던으로 돌아왔다. 그는 런던에서 궁핍한 생활을 하다가 세상을 떠나 Westminster 사원 시인묘역의 그가 존경하던 Chaucer옆에 묻혔다. 그는 의도적으로 고어투의 시어(archaic language)를 즐겨 쓴 작가로 알려져 있는데, 그것은 Chaucer에 대한 존경심의 표시이기도 했다.

2 One Day I Wrote Her Name from *Amoretti*(sonnet 75)

One day I wrote her name upon the strand,
But came the waves and washéd it away:
Agayne I wrote it with a second hand,
But came the tyde, and made my paynes his pray.
"Vayne man", sayd she, "that doest in vaine assay
A mortall thing so to immortalize,
For I my selve shall lyke to this decay,
And eke my name bee wipéd out lykewize,"
"Not so", quod I, "let baser things devize

To dy in dust, but you shall live by fame:
My verse your virtues rare shall eternize,
And in the heavens wryte your glorious name;
Where whenas death shall all the world subdew,
Our love shall live, and later life renew."

주석

1] strand: beach.
3] with a second hand: 두 번째로. hand: round.
4] made my paynes his pray: 나의 수고를 자기 제물로 만들었다, 나의 수고를 헛되게 했다. pray: prey.
5] assay: essay, try.
7] For I my selve shall lyke to this decay: For I (myself) shall decay like this.
8] eke: also.
9] quod I : I said.
devize: contrive, manage.
11] My verse your virtues rare shall eternize: My verse shall eternize your rare virtues(내 시는 그대의 귀한 덕을 영원하게 할 것입니다).
13] whenas: when. while.
subdew: subdue.

어느 날 바닷가에 그녀 이름을 썼더니
파도가 밀려와 그 이름을 쓸어가 버렸네.
두 번째 또 다시 그 이름을 썼지만
물결이 밀려와 내 수고를 헛되게 하였네.
그녀가 말하기를 "헛수고 하는 부질없는 이여,
덧없는 것을 영원한 것으로 만들려고 하시다니요.
제 자신도 이처럼 사멸할 것이고
제 이름도 마찬가지로 씻겨갈 거예요."
나는 말했네. "그렇지 않아요. 비천한 것들은
죽어 흙이 되라 하고, 당신 이름은 살아남게 하겠소.

내 시는 그대의 고귀한 덕을 영원케 하여
그대의 영광스러운 이름을 하늘에 써 놓을 것이오.
죽음이 온 세상을 정복한다 해도, 그곳에서
우리 사랑은 살아남아 내세에서 다시 살리니."

3 작품분석

*Amoretti*는 "작은 사랑 노래"(little love poems)라는 뜻으로, 1591년 Spenser가 궁정생활을 포기하고 아일랜드에서 조용하게 생활할 때 만나 일 년 간의 구애 끝에 결혼하게 된 Elizabeth Boyle에 대한 구애과정을 그린 88편의 소네트연작(sonnet sequence)이다. Spenser가 그의 소네트에서 사용한 각운체계는 abab bcbc cdcd ee로 English sonnet형식의 변형된 형태라고 할 수 있다. 마지막 부분을 couplet으로 마무리하는 것은 English sonnet와 같지만, 그 앞에 나오는 세 개의 4행연구(quatrain)의 각운을 사슬처럼 서로 연결시켜 음악적인 효과를 높인 것이 특징이다.

이 소네트의 첫 quatrain(제1-4행)은 화자가 바닷가 모래밭에 사랑하는 사람의 이름을 거듭해서 썼지만 파도가 지워버려 모든 것이 헛수고가 되었음을 말한다. 두 번째 quatrain(제5-8행)은 화자의 행위를 지켜본 여인의 반응을 그리고 있다. 여인의 말로 미루어 볼 때 남자가 모래밭에 여인의 이름을 썼던 것은 여인을 영원한 존재로 만들고 그녀의 이름을 영원히 남기고 싶었던 것이다. 그러나 여인은 인간의 유한성을 잘 인식하고 있다. 그래서 자기 자신이나 자신의 이름은 결국 사라지고 지워져버릴 것이라고 말한다. 그녀가 보기에 그 남자는 공연히 "헛수고 하는 부질없는" 사람이었던 것이다.

여인의 이런 반응에 대해 세 번째 quatrain(제9-12행)에서 남성화자는 다른 비천한 존재들은 그냥 죽어 결국 흙이 되겠지만, 여인의 이름은 영원히 살아남도록 만들겠다고 말한다. 그 방법은 자신의 시 속에서 여인의 고귀한 덕을 찬양하여 그녀의 이름이 영원히 기억되도록 하는 것이다. 결론 부분인 마지막 couplet에서도 거의 같은 얘기가 반복된다. 화자는 세상의 모든 것은 결국 죽음을 맞이하지만, 자신의 시 속에서 영원성을 얻은 두 사람의 사랑은 죽지 않고 내세에서 다시 생명을 얻으리라고 말한다.

그렇다면 이 소네트를 통해 시인이 궁극적으로 말하고자 하는 것은 무엇일까? 우선 이 소네트가 사랑하는 여인을 향한 구애의 노래로서 쓰였다는 점을 감안한다면 이 소네트는 영원히 변치 않고 살아남을 두 사람의 사랑을 얘기하는 것으로 볼 수 있을 것이다. 그러나 그런 단순화를 쉽게 허용치 않는 부분들이 눈에 띈다. 여인이 영원히 살게 되는 것은 화자인 시인의 시를 통해서이다. 말하자면 시인이 자신의 시 속에 여인을 그려냄으로써 후세 사람들이 그 시를 읽는 한, 여인은 젊었을 때의 아름다운 모습 그대로 계속 살아남게 되는 것이다. 이런 관점에서 본다면 이 소네트는 전반부(제1-8행)에서 인간의 유한성을 말하고, 후반부(제9-14행)에서는 그와 대비된 예술의 영원성을 말하고 있다고 할 수 있다. 그렇다면 이 소네트는 사랑노래라기보다는 예술의 영원성에 대한 찬미가가 된다. 그런데 그렇게 보기에는 곤란한 부분들이 역시 또 있다. 그것은 하늘(천국)과 내세에 관한 언급인데, 이것들은 여인이 가진 고귀한 덕과 연결이 되는 것처럼 보인다. 말하자면 고귀한 덕성에 의해 여인은 천국에 들어가 영원히 산다는 말이다. 그렇게 보면 이 소네트는 종교적인 성향의 시로 읽히게 되는 것이다. 따라서 이 소네트는 사랑과 예술과 종교의 이상이 서로 얽히고 섞여 있는 매우 복합적인 시라고 볼 수 있다.

Sir Philip Sidney
(1554–1586)

1 작가의 생애와 작품

Sir Philip Sidney는 명문 귀족집안에서 태어나, 이름을 대부인 스페인 왕 Philip 2세를 따서 지었다. 그는 Oxford대학을 다녔지만 학위를 받지 않고 유럽대륙으로 여행을 떠나 3년 동안 프랑스와 독일, 이탈리아 등지를 돌아다녔다.

영국으로 돌아온 Sidney는 궁정에서 일을 하며 여러 문인들을 후원했다. 특히 Edmund Spenser를 적극적으로 도와 그를 Elizabeth조 최고 시인으로 만들었고, 그래서 Spenser는 *The Shepherd's Calendar*(목동의 달력)를 그에게 헌정하기도 했다. 또 이때 그는 Lord Essex의 장녀인 Penelope Devereux를 알게 되었고, 그녀의 아버지는 Sidney에게 호감을 가져 자기 딸과 결혼하기를 원했다. 그녀와의 관계가 시작되던 1576년부터 Sidney는 소네트 연작(sonnet sequence)인 *Astrophel and Stella*(1591)를 쓰기 시작했다. 1581년에는 Pembroke 백작부인인 여동생 Mary의 장원에 머물면서, 그녀를 위해 목가적 로망스인 *Arcadia*(1590)를 산문의 형태로 쓰기도 했다. 그리고 Sidney는 일종의 시와 시인 옹호론이라 할 수 있는 *The Defence of Poesy*(시의 변호, 1595)를 썼는데, 그는 이 글에서 시인을 모든 예술가 중 최고의 예술가이며 진리의 창조자로 정의했다. Sidney의 이 세 작품은 그가 시와 픽션, 비평 등 문학의 모든 장르를 두루 섭렵했던 문인이었음을 잘 보여 준다.

Sidney는 갑부인 Leicester백작의 조카로서 상속인이 될 가능성이 높았으므로 사람들이 서로 자기 딸과 결혼시키고 싶어 했다. 그러나 결국 삼촌이 결혼을 해서 자신의 아이를 낳자 그는 상속인으로서의 가능성이 사라져버려 결혼상대로서의 인기가 시들해졌다. 그런 탓인지 Penelope는 자기 아버지의 소원대로 Sidney와 결혼하지 못하고 1581년 Lord Rich와 결혼을 하게 되었다. 하지만 그 결혼생활은 별로 행복하지 못했고 그녀는 남편과의 끊임없는 갈등 속에 살았다. Sidney는 1583년 기사작위를 받은 후 Walsingham경의 딸 Frances와 결혼했다. 그는 1585년에 네덜란드 Flushing의 총독으로 임명된 후, 이듬해에 벌어진 전투에서 큰 부상을 입고 결국 목숨을 잃게 되었다.

2 Thou Blind Man's Mark

Thou blind man's mark, thou fool's self chosen snare,
Fond fancy's scum, and dregs of scatter'd thought,
Band of all evils, cradle of causeless care,
Thou web of will, whose end is never wrought.
Desire, desire! I have too dearly bought,
With price of mangled mind thy worthless ware,
Too long, too long asleep thou hast me brought,
Who should my mind to higher things prepare.
But yet in vain thou hast my ruin sought,
In vain thou madest me to vain things aspire,
In vain thou kindlest all thy smoky fire.
For virtue hath this better lesson taught,

Within myself to seek my only hire:
Desiring nought but how to kill desire.

주석

1] mark: target.
2] Fond: Foolish.
3] Band: Swaddling band(아기를 감싸는 포대기, 강보).
cradle of causeless care: 두운(alliteration)에 주목할 것. 제6행의 'mangled mind', 'worthless ware'에도 두운이 쓰임.
6] mangled: injured, ruined, mutilated, disfigured, damaged(훼손된, 망가진).
12] virtue: his morals, his natural state of mind(그가 가진 도덕심, 본연의 마음).
13] hire: reward(보상), wages(보수).

너, 눈먼 이의 과녁이여, 너, 바보가 스스로 선택한 덫이여,
어리석은 환상의 거품, 흩어진 생각의 찌꺼기여,
모든 악의 온상이며, 까닭 없는 근심의 요람이여,
너, 끝매듭을 지을 수 없는 의지의 그물이여.
욕망이여, 욕망이여! 나는 너무나도 비싸게 샀다
가치 없는 너라는 물건을, 정신을 망가뜨리는 값을 치르고.
너무 오래 너무도 오래 너는 나를 잠들게 했다
더 높은 것들을 위해 정신을 준비해야 하는 나를.
그러나 네가 나를 파멸시키려 해도 소용없었고
헛된 것들을 바라도록 만들어도 소용없었으며
너의 연기 나는 불길에 불을 피우려 해도 소용없는 일이다.
내 자신 속에서 유일한 보상을 찾는
더 나은 교훈을 미덕이 가르쳐 주었으므로,
욕망을 죽이는 법만을 찾기를 욕망하라고.

3 작품분석

「욕망」("Desire")이라는 제목으로도 널리 알려져 있는 이 소네트는 인간의 헛된 욕망에 대해 경계하고 있는 작품이다. 첫 quatrain(제1-4행)에서는 여러 가지 비유를 통해 욕망을 묘사하고 있다. 그러나 여기에서 말하는 '너'가 '욕망'이라는 사실은 다섯째 행에 가서야 드러난다. 화자는 먼저 그 '너'를 '눈먼 이의 과녁'이라고 말한다. 눈먼 사람은 과녁을 볼 수도 없고 명중시킬 수도 없다. 눈먼 사람이 활을 쏘아봤자 과녁을 맞추기는커녕 어디에 화살이 꽂힐지 알 수가 없다. 화자는 인간의 욕망이 겨냥하는 곳은 이렇듯 종잡을 수 없다고 말한다. 또한 욕망은 바보 같은 인간이 스스로 걸려들도록 선택한 덫과 같다고 말한다. 인간은 자신이 뻔히 걸려드는지 알면서도 욕망의 덫에 빠지게 된다. 둘째 행에서는 욕망은 '어리석은 환상'이 만들어내는 '거품' 같은 것이요, 산만한 '생각'이 남긴 '찌꺼기'에 불과하다고 말한다. 말하자면 욕망은 실체가 없는 허상이요, 허상의 쓸모없는 부산물이라는 것이다. 또한 욕망은 포대기처럼 모든 악을 감싸고 키우는 온상이며, 사람으로 하여금 아무런 이유도 없이 걱정하게 만드는 '근심의 요람'이라고 한다. 욕망 때문에 인간사회에 악이 횡행하게 되고 인간이 근심을 하게 된다는 것이다. 넷째 행에서는 욕망은 끝을 맺을 수 없는 '의지의 그물' 이라고 표현한다. 욕망은 인간의 의지가 낳은 산물이지만, 인간의 의지로는 끊을 수 없고 마무리 짓기 어려운 마성을 가지고 있기 때문이다.

둘째 quatrain의 첫머리에서 화자는 '너'라고 불러왔던 욕망을 이제 직접 거듭해서 부른다. 이는 그의 감정이 매우 절박함을 보여 준다. 그는 욕망을 추구하느라 자신의 정신이 망가졌다고 한다. 장사치고는 아주 서툰 장사였다는 것이다. 자신의 소중한 정신을 망가뜨리는 값을 치르고 욕망을 샀기 때문이다. 그리고 보다 고귀한 것을 위해 정신을 준비해야 하는 자신을 욕망이 너무도 오랫동안 잠들게 했었다고 말한다.

그럼에도 불구하고 화자는 이 시의 후반부에서 욕망이 결코 자신을 파멸시키지 못했다고 말한다. 후반부의 sestet(제9-14행)은 크게 두 부분으로 나누어진다. 첫 부분(제9-11행)에서는 욕망이 자신을 파멸시키거나 헛된 것을 바라도록 하려고 해도 소용없었다고 한다. 또한 연기만 나는 욕망에 '불을 피우려 해도 소용없는 일'이라고 말한다. 그렇게 할 수 있었던 이유는 마지막 3행(제12-14행)에서 드러난다. 미덕이 보상을 바깥에서 찾지 말고 자신의 마음속에서 찾으라고 가르쳐주었기 때문이다. 말하자면 오로지 '욕망을 죽이는 법만을 찾기를 욕망' 하도록 가르쳤다는 것이다. 여기에서 화자는 '욕망'이라는 말을 가지고 일종의 말장난(pun)을 하고 있다. 그런데 여기에서 자신의 욕망을 죽이기를 욕망한다는 말은 그가 또 다른 욕망을 갖게 되었음을 보여주는 말처럼 보인다. 살아 있는 한 인간은 욕망을 끊을 수 없고, 욕망이 있는 것 자체가 인간이 살아있다는 증표일 수도 있다. 그러나 한편으로 '자신의 욕망을 죽이기를 욕망한다'는 말에서 '욕망한다'는 말을 굳이 문자 그대로의 욕망으로 해석할 필요는 없을지 모른다. 이때 '욕망한다'는 말은 그가 가지는 일종의 희망 혹은 바람을 나타내는 말로 보아도 좋을 것이다. 그러나 그렇게 보면 시의 묘미는 줄어든다.

4 *Astrophel and Stella*

SIR P. S. HIS
ASTROPHEL AND
STELLA.

Wherein the excellence of sweet
Poesy is concluded.

At London,
Printed for Thomas Newman.
Anno Domini, 1591.

Astrophel and Stella(현재는 *Astrophil and Stella*로 부르기도 함)는 Elizabeth여왕 시대에 유행하기 시작한 소네트 연작(sonnet cycle, sonnet sequence) 중 처음 것으로, 총 108개의 소네트와 11개의 노래(songs)로 구성되어 있다. 보통 소네트 연작은 각각의 소네트가 독립적이면서도 서로 연관되어 하나의 스토리를 구성하고 있고, 주로 남녀 간의 사랑문제를 다루고 있다. *Astrophel and Stella*는 이탈리아 소네트 작가인 Petrarch의 전통을 좇아 시의 화자가 사랑하는 여인의 아름다움을 찬미하고 그녀의 냉정함과 자신의 좌절된 사랑의 욕구를 한탄하는 내용이 주를 이룬다.

이 시의 주인공인 Astrophel은 그리스어의 '별'을 뜻하는 'aster'와 '사랑하는 자'를 의미하는 'phil'이 결합된 것으로 '별을 사랑하는 자'(lover of a star)라는 뜻이고, 'phil'은 Sidney의 이름인 'Philip'을 암시한다. 또 'Stella'는 라틴어로 '별'(star)을 의미한다. 따라서 시 제목은 이 시가 두 사람 사이의 사랑을 노래하고 있음을 보여 준다. 여기에서 여주인공인 Stella는 Penelope Devereux를, Astrophel은 Sidney 자신을 지칭하는 것으로 알려져 있다. 그러나 Penelope에 대한 Sidney의 사랑이 진지한 것이었는지, 아니면 Petrarch가 자신의 시에서 Laura를 이상화한 것처럼 Sidney도 단순히 하나의 문학적 대상으로서 Astrophel과의 사랑 얘기를 하고 있는 것인지에 관해서는 비평가들 사이의 의견이 일치되어 있지 않다. 사실이 어떻든 두 사람의 이룰 수 없는 사랑이 이 소네트 연작의 중심테마이다. 지상에 있는 '별을 사랑하는 자'와 천상에 있는 '별' 사이에는 도달할 수 없는 절대적 거리감이 이미 상정되어 있는 것 아닌가.

5 Loving in Truth from *Astrophel and Stella* (sonnet 1)

Loving in truth, and fain in verse my love to show,
That the dear she might take some pleasure of my pain,
Pleasure might cause her read, reading might make her
  know,
Knowledge might pity win, and pity grace obtain,
I sought fit words to paint the blackest face of woe:
Studying inventions fine, her wits to entertain,
Oft turning others' leaves, to see if thence would flow
Some fresh and fruitful showers upon my sunburnt
  brain.
But words came halting forth, wanting Invention's stay;
Invention, Nature's child, fled stepdame Study's blows;
And others' feet still seemed but strangers in my way.
Thus, great with child to speak, and helpless in my
  throes,
Biting my truant pen, beating myself for spite:
"Fool," said my Muse to me, "look in thy heart, and
  write!"

주석

1] fain: willing, desirous(기꺼이 … 하고 싶어 하는).
2] That … might: so that … might의 구문임.
4] grace: favor(사랑, 총애).
5] fit: suitable(적절한).
6] studying inventions fine: 자신만의 새로운 시를 창조하는 대신, 고전적 수사법이 권장하는 기계적인 비유법들을 참조하는 것(consulting lists of acceptable figures of speech, as recommended by classical rhetoric manuals as an alternative

for creating something new), 혹은 기존의 훌륭한 작품들을 연구하는 것을 말함.
her wits to entertain: to engage her mind(그녀의 마음을 사로잡기 위해, 그녀를 즐겁게 하기 위해).

7] turning others' leaves: 다른 사람들의 작품을 뒤적거리는 것.
leaves: (of a book) 책장.

8] sunburnt brain: brain burnt by the heat of love(사랑의 열정에 의해 탄 머리)

9] wanting: lacking(부족하여).
Invention: 창의력을 의인화한 것.

10] Invention, Nature's child, fled stepdame Study's blows: Aristotle의 고전적 이론에 따르면 예술은 자연의 모방이다(Art is an imitation of Nature). 그러므로 자연은 예술, 혹은 작가의 창의력을 낳는 어머니인 셈이다. 그러나 어떤 예술가들은 자연을 토대로 독창적인 작품을 만들기보다는 그저 다른 작가들의 작품을 연구하여 작품을 만들려고 했다. 그러므로 연구는 예술의 진짜 어머니가 아니라 계모가 된다. 자신의 독창성을 지향하는 이 시의 화자는 다른 사람의 작품을 참고하는 것이 아무런 도움이 되지 못하고 오히려 창작에 방해가 된다고 말한다.

11] feet: 'footsteps'(발걸음)와 'metrical feet'(음보, 音步)의 두 가지 의미.

12] great with child to speak: 할 말이 (머리에) 가득해. 시상이 머리에 가득 찬 것을 아이를 임신한 것(big with child)에 비유한 것.

13] truant pen: 시를 제대로 쓰지 못하는 펜을 게으름 피우는 학생에 비유한 것.

진심으로 사랑하며, 기꺼이 내 사랑을 시로 보여주고 싶어서,
소중한 그녀가 나의 수고로움에서 약간의 즐거움을 얻고
그 즐거움 때문에 그녀가 내 시를 읽고, 읽어서 알게 되고
알게 되어 내가 연민을 받고, 연민으로 인해 사랑을 얻도록,
고통에 찬 나의 가장 검은 얼굴을 그려낼 적합한 시어를
　찾고,
그녀의 마음을 즐겁게 하기 위해 훌륭한 작품들을 연구하며
종종 다른 사람들의 책장을 뒤져서, 열정에 타버린 내 머리
　를 식혀줄

시원하고 풍성한 소나기가 쏟아져 나오지 않을까 살펴보았네.
그러나 창의력이 받쳐주지 않아 말은 자꾸 끊기며
자연의 아이인 창의력은 계모인 연구의 매질을 피해 달아났고
다른 사람들의 발걸음은 내가 가는 길에 거치적거렸네.
그래서 할 말로 배가 잔뜩 부른 채 산고(産苦)로 어쩔 줄 몰라 하며
게으름 피우는 나의 펜을 물고 홧김에 내 자신을 때리자,
나의 뮤즈가 말했네, "어리석은 자여, 그대의 마음속을 들여다보고 글을 쓰게"라고.

6 작품분석

이 시는 크게 네 부분으로 나누어진다. 첫 부분(제1-4행)에서 시인은 이 시를 쓰게 된 동기를 설명한다. 이 시는 소네트 연작 *Astrophel and Stella*의 첫 번째 시이기 때문에 전체 작품의 서시(序詩)에 해당된다. 따라서 이 시를 쓰게 된 동기를 설명하는 부분은 단순히 이 소네트 한 편만이 아니라 전체 소네트를 쓰게 된 동기를 밝히는 셈이다. 그는 자신이 사랑하는 이가 이 소네트들을 읽는다면 결국 자신의 사랑에 응답할거라는 믿음을 가지고 있다. 그런데 그렇게 사랑이 응답을 받는 과정은 사뭇 정연한 순서를 밟아가는 것으로 되어 있다. 그는 자신의 수고로움을 여인이 즐거워할 것이고, 그 즐거움 때문에 그의 시를 읽게 되고, 그 독서를 통해 자신의 사랑을 알게 되며, 그 앎 때문에 자신이 연민을 받을 것이며, 그 연민으로 인해 결국 사랑을 얻을 것이라고 말한다. '수고로움 → 즐거움 → 독서 → 앎 → 연민 → 사랑'이라는 연쇄고리 같은 과정을 통해 끝내 사랑을 얻을 거라는 것이다.

둘째 부분(제5-8행)에서 시인은 여인으로부터 연민을 얻어내기 위해 사랑의 고통으로 일그러진 자신의 얼굴을 표현하고자 한다. 그 표현은 결국 '말'(words)을 통해 이루어지지만 그는 이것을 마치 화가가 그림을 그리는 것처럼 묘사하고 있다. '가장 검은 얼굴'이라는 말은 따라서 얼굴이 실제로 검다는 말이 아니라 '가장 고통스럽고 우울한 얼굴'이라는 뜻이다. 그런데 그는 그 표현을 자신의 내면으로부터 찾지 않고, 다른 사람들의 시집을 뒤적거리며 거기에서 찾으려 한다. 말하자면 자신의 사랑을 나름대로 표현하는 대신, 다른 사람들의 일반적이고 상투적인 시구를 이용해서 표현하려고 해본다.

그러나 셋째 부분(제9-11행)에서는 다른 시인들의 표현이 아무리 뛰어나다고 해도 자신의 사랑을 표현하기에는 합당치 못하다고 고백하고 있다. 제10행의 '자연의 아이인 창의력'이라는 말에는 진정한 창작은 시인 자신의 경험세계로부터 온다는 생각이 잘 나타나있다. 이것은 '예술은 자연의 모방'이라는 아리스토텔레스의 예술기원론에 근거한 것으로, 자연은 예술의 모태(母胎)이므로 예술은 자연의 자식인 셈이다. 그래서 시인은 직접 자연을 토대로 작품을 창작하는 대신 다른 사람의 시에 대한 연구와 모방을 통하여 작품을 만들어내는 일을 경계하고, 연구를 '계모', 즉 가짜 어머니라는 말로 비하하고 있다. 이것은 다른 사람의 작품을 적당히 이용하는 것을 아무런 문제없이 받아들이고 또 당연시했던 당시 르네상스 시대의 전반적인 풍조와는 사뭇 다른 태도로서, Sidney 자신이 가지고 있는 독창성의 개념을 표현한 것이라 할 수 있다. 독창성을 지향하는 이런 태도를 견지하는 한, 다른 사람들의 작품은 그가 시를 써나가는데 거치적거리는 장애가 될 뿐이다.

마지막 부분(제12-14행)에서는 자신의 발성을 찾지 못한 시인의 고통스러움을 출산 때가 되었는데도 아이를 낳지 못하고 있는 산모의 괴로움에 비유하고 있다. 하고 싶은 말로 몹시 배가 부른 시인은 잘 써지지 않는 자신의 펜을 게으른 학생인 양 꾸짖으며 스스로를 자학하기에 이른다. 이 때 시신 뮤즈가 그에게 자신의 '마음속을 들여다보고 글을 쓰라'고 충고한다. '나의 시신'이라고 하는 것으로 보아 이 시신은 시인 자신의 내면의 목소리를 지칭한 것일 수 있다. 그것은 바로 이 시의 세 번째 부분에서 타인의 작품에 대한 모방을 거부하고 자신의 독창성을 살리고자 했던 시인의 목소리이다.

이 시의 특이한 점은 자신의 시를 쓰는 방법을 적고 있는 이 글 자체가 바로 시가 된다는 것이다. 또한 이 소네트는 시이론에 관한 시이면서 동시에 사랑에 관한 시라는 이중적 성격을 가지고 있다. 말하자면 이 시는 독창성을 지향하는 시드니 자신의 예술관을 표출하면서, 동시에 자신의 열렬한 사랑을 표현하고 있다. 시가 잘 안 써진다는 시인의 말은 창작의 어려움을 호소하면서도, 다른 한 편으로는 말로 표현하기 어려운, 다른 사람들의 말로는 표현할 수 없는, 자신의 마음속에 가득한 사랑을 말하고 있다. 특히 이 시가 *Astrophel and Stella*의 서시라는 점을 고려한다면, 앞으로 전개되는 소네트들은 다른 사람들의 작품을 모방한 것이 아니라 시인 자신의 마음속 사랑의 표현이라는 메시지를 전하는 역할을 하고 있다고 볼 수 있다.

Christopher Marlowe
(1564–1593)

1 작가의 생애와 작품경향

Christopher Marlowe는 드라마의 전성기였던 영국 르네상스시대에 Shakespeare보다 두 달 빠른 동갑나기로 태어났다. 아버지가 Canterbury에서 구둣가게를 했던 Marlowe는 목사를 지망하는 신학생들에게 주는 장학금을 받고 Cambridge대학 Corpus Christi College에 입학했다. 그러나 끝내 성직을 포기하고 극을 쓰기 시작해서, 이미 대학 졸업 전에 *Tamburlaine the Great*(탬벌레인 대왕)이라는 작품을 발표했다. 이 극은 수단과 방법을 가리지 않는 주인공 Tamburlaine대왕의 권력 추구와 파멸을 다루고 있는 작품으로 엄청난 성공을 거두었다.

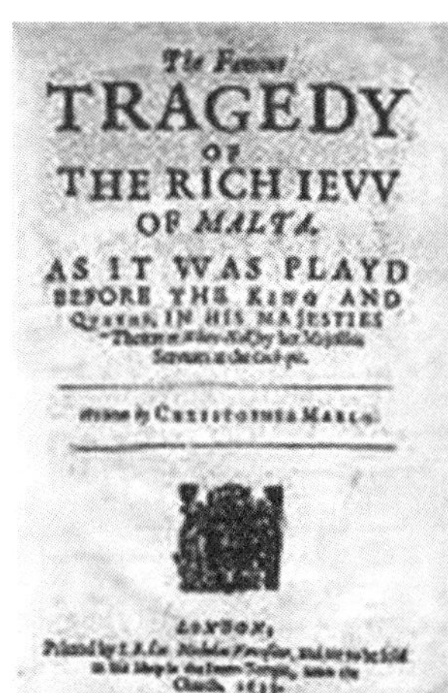
TRAGEDY
OF
THE RICH IEVV
OF MALTA.
AS IT WAS PLAYD
BEFORE THE KING AND
QUEENE, IN HIS MAJESTIES

이후에 Marlowe가 쓴 작품들도 대개 인간의 한계를 넘는 지나친 야욕이 초래한 비극들을 다루고 있다. *The Jew of Malta*(몰타섬의 유태인)는 재물에 대한 지나친 욕심 때문에, 또 *Dr. Faustus*(파우스투스 박사)는 끝없는 지식에 대한 욕구 때문에 파멸한 인물들이 주인공으로 나온다. Marlowe는 비극의 원인을 인간이 저항할 수 없는 어떤 운명이나 인과응보 같은 외적 조건에 두지 않고 개인의 성격적 결함에 두었다.

Marlowe의 생애는 그의 작품들 못지않게 극적이고 격렬했다. 그는 스파이로 활동하기도 했고, William Bradley라는 사람과 말다툼 중에 살인사건에 연루되어 투옥되기도 했다. 또 극작가 Thomas Kyd에 의해 무신론 및 반역혐의로 밀고 당하기도 했는데, 결국 그는 29세의 젊은 나이에 여인숙에서 언쟁을 벌이다가 상대의 칼에 찔려 비극적으로 사망했다.

2 The Passionate Shepherd to His Love

Come live with me and be my love,
And we will all the pleasures prove
That valleys, groves, hills, and fields,
Woods or steepy mountain yields.

And we will sit upon the rocks,
Seeing the shepherds feed their flocks,
By shallow rivers to whose falls
Melodious birds sing madrigals.

And I will make thee beds of roses
And a thousand fragrant posies,
A cap of flowers, and a kirtle
Embroidered all with leaves of myrtle;

A gown made of the finest wool
Which from our pretty lambs we pull;
Fair-linèd slippers for the cold,

With buckles of the purest gold;

A belt of straw and ivy buds,
With coral clasps and amber studs :
And if these pleasures may thee move,
Come live with me and be my love.

The shepherds' swains shall dance and sing
For thy delight each May morning :
If these delights thy mind may move,
Then live with me and be my love.

주석

1] Come live: Come and live, Come to live.
2] prove: try, test, experience(맛보다, 경험하다).
7] to whose falls: 강물이 떨어지는 소리에 맞춰.
8] madrigals: love songs, pastoral songs(사랑의 노래, 목가).
10] posies: bouquets(꽃다발).
11] kirtle: skirt, petticoat.
12] myrtle: a small tree with shiny green leaves and sweet-smelling white flowers(도금양). Venus에게 바쳐진 꽃으로, 사랑의 상징(emblem of love)으로 쓰임.
21] swains: boys.
22] each May morning: May Day(오월제)에는 사랑의 축제가 열렸다.

내게 와서 같이 살며 내 애인이 되어 다오.
그러면 우리는 골짜기와 언덕과 들판,
숲과 가파른 산에서 얻을 수 있는
온갖 즐거움을 맛보고

바위에 앉아 목동들이 양떼에게
풀을 먹이는 광경을 지켜볼 것이며,
새들은 곁에 흐르는 얕은 개울물 소리에 맞춰

낭랑한 목청으로 사랑의 노래를 부르리니.

나는 너에게 장미침대와
엄청나게 많은 향기로운 꽃다발,
꽃모자, 온통 도금양의 잎사귀들로 꾸민
치마를 선물하고,

어여쁜 우리 양들에게서 뽑은
제일 보드라운 양털로 잠옷도 만들어 주고,
발이 시리지 않게 안을 댄
순금 버클이 달린 예쁜 덧신도 선물하며.

산호 고리와 호박보석 단추가 달린
밀짚과 담쟁이 싹으로 엮은 벨트도 주리니.
만일 이 선물들이 마음에 든다면
내게 와서 같이 살며 내 애인이 되어 다오.

오월 아침마다 목동들은 네가 즐거워하도록
춤추고 노래하리니
이 선물들이 너의 마음에 든다면
나와 같이 살며 내 애인이 되어 다오.

3 작품분석

이 시의 성격은 "열정적인 목동이 애인에게"라는 제목을 보면 쉽게 드러난다. 말하자면 사랑에 빠진 목동이 그 대상이 되는 아가씨에게 부르는 사랑의 노래이며, 그런 점에서 이 시는 전원을 배경으로 한 일종의 목가적 사랑시라고 할 수 있다. 제목에 '애인에게'라는 말이 있지만 이후 전개되는 내용을 보면 이 아가씨는 단지 목동의 연모 대상일 뿐, 아직 그의 애인이 된 상태는 아니다. 그런 점에서 이 시는 두 사람 사이의 사랑을 노래한 사랑시라기 보다는 남자측의 일방적인 구애의 노래라고 할 수 있다.

목동이 아가씨에게 사랑을 고백하는 방법은 우선 그녀를 자기의 일터로 초대하는 것으로부터 시작된다. 그런데 그 초대는 조심스럽게 이루어지는 게 아니라, 매우 대담하고 노골적이다. 그는 그녀에게 대뜸 자기에게 와서 같이 살자고 아주 직설적인 제안을 한다. 이 시는 전체적으로 보아 일종의 조건문의 연속이라고 볼 수 있는데, 목동은 그녀가 그렇게 와서 자기와 함께 살 경우 누릴 수 있는 매혹적인 삶을 얘기한다. 그러한 삶의 구체적인 내용은 첫 연부터 마지막 연까지 시거의 전체에 걸쳐 열거되어 있다. 첫 연에서는 그들이 함께 살게 되면, 그녀도 목동처럼 골짜기와 산과 들판에서 자연의 온갖 즐거움을 만끽할 수 있을 것이라고 말한다.

둘째 연에서는 둘이 여유롭게 강가 바위 위에 앉아서 양떼가 풀을 뜯는 목가적인 광경을 보며 즐기게 될 것이라고 말한다. 흘러내리는 물소리에 맞춰 사랑의 노래를 부르는 새들은 바로 목동과 아가씨의 모습에 다름 아니다. 문제는, 다른 목동들은 모두 일을 하고 있는데 이 목동만 어떻게 일을 내팽개치고 애인과 한가롭게 놀 수 있을지 하는 것이다. 그래서 목동이 제시하는 두 사람의 앞으로의 삶은 별로 현실성이 있어 보이지 않는다.

셋째 연에서부터 목동은 그녀에게 여러 가지 선물을 약속한다. 그는 장미침대와 꽃다발, 꽃모자, 도금양으로 장식된 치마를 주겠다고 한다. 이 선물공세는 다음 연에서도 계속 이어지는데, 넷째 연에서는 순모로 만든 잠옷과 순금 버클이 있는 덧신을 주겠다고 한다. 다섯째 연에서도 그는 밀짚과 담쟁이 싹으로 엮은 벨트를 선물하겠다고 한다. 넷째 연의 '순금 버클'이나 다섯째 연의 '산호 고리와 호박보석 단추'에 관한 언급은 다소 허황된 약속처럼 보인다. 한낱 목동에 불과한 남자가 이런 보석들을 어떻게 마련할 수 있을지 믿기 어렵다.

목동은 다섯째 연의 마지막 부분에서 이런 선물들이 마음에 든다면 같이 살자고 다시 한 번 제안한다. 시 첫머리에서 했던 '같이 살자'는 제안이 다시 반복됨으로써, 이 제안이 남자가 하는 구애의 핵심이며, 시가 이제 거의 끝나간다는 느낌이 든다. 마지막 연에서 목동은 한 번 더 그 제안을 반복하면서, 자기들의 사랑을 위해 다른 목동들이 모두 함께 춤추고 노래를 부르는 축제의 분위기로 사랑의 노래를 마무리한다.

목동은 자신의 삶과 사랑에 대해 매우 낙관적인(optimistic) 태도를 가지고 있다. 그는 우선 목동의 생활이 제공해 주는 여러 가지 목가적인 환경을 자신의 구애에 적극적으로 활용해서 낭만적, 환상적인 분위기를 만든다. 그런 분위기 속에서 그녀에게 여러 가지 선물을 약속함으로써 자신의 구애를 성공으로 이끌고자 한다. 그런데 문제는, 목동이 그녀에게 함께 살자고 말하지만, 그것이 정식으로 결혼하자는 말인지는 확실치 않다는 것이다. 물론 이런 부담 없는 사랑시에서 남자의 구애가 정식 청혼이냐 아니냐를 따지는 것은 시를 지나치게 현실적인 바탕에서 해석하는 것일 수 있다. 그러나 어쨌든 그의 여러 가지 제안이 현실성이 희박한 것으로 보아 그는 굳이 결혼 같은 어떤 관례적 틀을 염두에 두고 있는 것 같지는 않다. 그래서 목동의 구애는 어떤 진지하고 책임감 있는 남녀관계를 토대로 나왔다기보다는 그저 둘 사이의 사랑, 좀 더 엄밀히 말하면 육체적인 사랑을 즐기는 데 목적이 있는 것으로 보인다. 목동의 현세향락적 태도에 주목한다면 우리는 이 시를 까르빼 디엠(carpe diem) 주제의 시 중 하나로 볼 수 있다.

그런데 이런 비현실적이면서도 유유자적한 목가적 사랑시는 Marlowe 자신의 격렬했던 생애나 그가 쓴 여러 비극작품들과는 어울리지 않는 느낌을 준다. Marlowe는 대학에서 고등교육을 받은 극작가로서 그의 파란만장한 삶은 목동들의 삶과는 거리가 있었다. 그러나 그가 그런 삶을 살았기 때문에 역으로 이 시에서 묘사된 것 같은 단순하고 여유로운 삶을 동경했을 수 있다. 사실상 목가는 애초부터 실제 목동들이 쓴 시라기보다는 평화롭고 단순하며 소박한 삶을 그리워하는 시인들의 현실도피적 욕구를 표현하는 문학으로서 출발하였다. 또한 목가시는 본질적으로 이상적 상태를 가상하고 있기 때문에 낭만적이며 비현실적인 성격을 가질 수밖에 없었다. 그러므로 이 시에서 목동이 제안하는 그녀와의 미래의 삶이나 그의 선물들이 비현실적이고 허황되기 그지없다는 식으로 비판할 수는 없을 것이다.

목가시는 또한 중세의 가면극이나 도덕극의 복잡한 양식보다는 가식적이지 않은 직접적이며 단순한 문학양식을 추구한 결과이기도 하다. 기원전 3세기 Theocritus로부터 시작된 목가시는 영문학에 도입된 후 Spenser와 Sidney, Shakespeare에서 Milton, Shelley, Tennyson 등에 이르기까지 면면히 전통을 이어온 장르이며, Marlowe가 목가시를 쓴 것도 이런 문학적 전통을 따른 것이라고 할 수 있다. 또한 목가시는 전원생활에 대한 도회지 사람들의 동경에서 나오기도 했지만, 동시에 궁정의 권력으로부터 밀려난 사람들이 어쩔 수 없이 택하게 된 야인으로서의 생활에 대한 일종의 합리화의 수단이기도 했다는 성격을 지니고 있었다.

Marlowe가 목동의 구애가인 이 시를 발표하자, 이후에 많은 시인들이 답가 성격의 시를 줄지어 내놓았다. Marlowe의 시는 사후인 1599년 *The Passionate Pilgrim*에 처음 발표되었고, 다음 해에는 Marlowe보다 10년 이상 연배인 시인 Sir Walter Raleigh의 답가 "The Nymph's Reply to the Shepherd"와 함께 *England's Helicon*에 동시에 나타났다. 이후에도 1633년에 John Donne은 "The Bait"를 내놓았고, 현대시인 William Carlos Williams는 "Raleigh Was Right"를, C. D. Lewis는 "Two Songs" 등을 발표했는데, 이는 Marlowe의 이 목가적 사랑시가 고금의 중요 영국 시인들을 서로 이어주는 하나의 문학적 매개체로서의 역할을 했음을 보여 준다.

Sir Walter Raleigh

(1552–1618)

1 작가의 생애와 작품경향

Sir Walter Raleigh는 군인이며, 시인, 철학자, 탐험가, 과학자, 역사가, 식민지 개척자로서 다양한 방면에 재능을 나타낸 인물이었다. 특히 그는 Virginia식민지를 건설하고, 담배를 유럽에 처음 들여온 이로 알려져 있다. 그러나 그는 James 1세에 대한 반역혐의로 1603년부터 1618년까지 15년간 런던타워에 갇혀 있다가 결국 처형되었다.

문학작품으로는 Elizabeth여왕에게 바친 장시 *Cynthia*가 단지 몇 개의 연(stanza)만 원고의 형태로 남아 있다. "The Nymph's Reply to the Shepherd"는 Marlowe의 "The Passionate Shepherd to His Love"에 대한 답가 중 가장 유명한 시로서 알려져 있다.

2 The Nymph's Reply to the Shepherd

If all the world and love were young,
And truth in every shepherd's tongue,
These pretty pleasures might me move

To live with thee and be thy Love.

Time drives flocks from field to fold
When rivers rage and rocks grow cold,
And Philomel becometh dumb;
The rest complains of cares to come.

The flowers do fade, and wanton fields
To wayward Winter reckoning yields;
A honey tongue, a heart of gall,
Is fancy's spring, but sorrow's fall.

Thy gowns, thy shoes, thy beds of roses,
Thy cap, thy kirtle, and thy posies
Soon break, soon wither, soon forgotten —
In folly ripe, in reason rotten.

Thy belt of straw and ivy-buds,
Thy coral clasps and amber studs,
All these in me no means can move
To come to thee and be thy love.

But could youth last, and love still breed,
Had joys no date, nor age no need,
Then these delights my mind might move
To live with thee and be thy love.

주석

0] nymph: 아가씨(maiden).
7] Philomel: nightingale. Thrace왕 Tereus에게 겁탈 당하고 발설하지 못하도록 혀를 잘린 Philomela의 신화 참조.
becometh dumb: does not sing.
8] The rest: 나머지 새들. the remainder (of Marlowe's 'melodious birds').
11] gall: bitter feeling(쓰라린 마음).
12] fall: autumn.

14] kirtle : skirt, petticoat.
22] date : 끝(ending).

온 세상과 사랑이 항상 젊고
목동들 말이 모두 사실이라면
그 예쁜 선물들이 내 마음을 움직여
너와 같이 살며 너의 애인이 될 텐데.

강물이 사납게 흐르고 바위가 싸늘해지는 계절이 오면
양떼는 들판에서 우리로 들어가며,
나이팅게일은 노래하지 않고
다른 새들도 닥칠 근심거리에 대해 푸념만하지.

꽃들은 시들고 무성한 들판도
닥쳐오는 변덕스런 겨울에 굴복하니
달콤한 말과 씁쓸한 가슴은
환상의 봄이지만, 슬픔의 가을.

네가 선물한다는 잠옷과 신발과 장미침대,
모자와 치마와 꽃다발은
곧 부서지고, 곧 시들고, 곧 잊힐 것이고
어리석은 생각에는 잘 익은 것이겠지만, 제대로 보면 썩은 것.

네가 만들어 준다는 밀짚과 담쟁이 싹으로 엮은 벨트,
산호 고리와 호박보석 단추
이 모든 것들은 결코 내 마음을 움직이지 못하니
너에게 가서 너의 애인이 될 수 없어.

다만, 젊음이 계속되고 사랑이 영원히 자라며
즐거움에 끝이 없고 늙음도 궁핍도 없다면,
이 즐거움들이 내 마음을 움직여
너와 함께 살며 너의 애인이 될 텐데.

3 작품분석

이 시는 형식과 어휘에서 철저히 Marlowe의 "The Passionate Shepherd to His Love"에 대한 답가라는 것을 명백히 보여 준다. 전체 시가 한 연이 4행으로 된 4행연구(quatrain) 6개로 이루어져 있고, 또 각 연은 두 개의 2행연구(couplet)로 된 aabb의 각운구조를 갖는다는 점 등은 Marlowe의 시와 다를 바 없다. 이 시에 사용된 중요한 어휘들도 모두 Marlowe 시의 어휘들이 반복되면서, Marlowe 시의 목동 화자가 했던 말을 하나하나 반박하는 식으로 내용이 전개된다. 형식과 어휘가 거의 같고, 또 같은 시대에 발표되었다는 점 등으로 해서 Raleigh의 답가는 이후에 나온 어떤 답가들보다 더 자주 언급된다.

첫 연에서 이 시의 여성 화자는 가정법으로 목동에게 대답을 시작한다. 가정법을 쓴다는 것은 실제 사실이 이와 다르다는 것이 전제가 되어 있다. 그녀가 가정하는 것은 온 세상과 사랑이 변함없이 젊고 사람의 말이 진실하다는 것이다. 온 세상이 항상 젊다는 것은 우선 지상의 세계와 자연이 늘 변치 않는 봄과 같은 상태에 있다는 뜻이다. 그러나 이 지상의 세계와 자연은 시간과 계절에 따라 끊임없이 변화를 하게 마련이다. 여기에서 세상이란 말은 인간의 세계도 동시에 함축하는 개념으로, 변하는 것은 인간도 역시 마찬가지이다. 그녀는 자신이나 목동이나 모든 인간과 그들이 하는 사랑은 시간이 흘러가면 늙고 변하리라는 것을 잘 인식하고 있다. 그래서 그녀는 사랑을 맹세하는 목동들의 말을 믿을 수가 없다는 것이다. 온 세상 사람들이 바라는 변치 않는 젊은 사랑이란 하나의 이상에 불과하다. 그녀는 이런 이상이 현실이 된다면 목동의 선물들을 받아들이고 함께 살 것이라고 말한다. 그러나 이것은 어차피 불가능한 설정에 불과하므로 여인의 이런 대답은 목동의 구애에 대한 완곡한 거절이 되는 셈이다.

둘째 연은 시간과 계절에 따라 변하는 자연의 여러 모습을 구체적으로 제시한다. Raleigh 시의 여성화자는 Marlowe 시에서 목동이 언급한 자연물들이 모두 계절에 따라 얼마나 다른 상황에 놓이게 될 것인지를 말한다. 그래서 목동이 세월의 흐름조차 인식하지 못하는 세상물정 모르는 사람이며, 따라서 그의 약속이 얼마나 현실과 동떨어져 있는지를 분명히 보여 준다. Marlowe의 시에서 목동은 두 사람이 강가 바위에 앉아 양떼가 풀을 뜯는 모습을 보며 즐길 것이라고 했다. 그러나 이 시에서는 시간이 흘러 날씨가 차가와지면 강물은 거세지고 바위는 싸늘해져서 더 이상 앉아 있을 수 없고, 양들도 겨울을 나기 위해 축사로 들어갈 것이니 들판에서 양떼를 볼 수 없을 것이라고 말한다. 또 강물 소리에 맞춰 노래를 불렀던 새들도 날씨가 추워져 더 이상 노래하지 않을 것이라고 말한다. Marlowe의 목동이 말하는 것은 봄에 새들이 부르는 짝짓기 노래이며, 이 노래는 두 사람이 부를 사랑의 노래를 암시한다. 그러나 이 시에서 그녀는 목소리 고운 나이팅게일도 노래하지 않고, 다른 새들도 즐겁게 노래하기보다는 먹이를 구하기 힘든 겨울에 닥칠 근심거리에 대해 푸념한다고 말한다. 이 시에서 Raleigh가 '나이팅게일'이라는 일반적 명칭 대신 '필로멜'이라는 명칭을 쓴 이유를 생각해볼 필요가 있다. 이 명칭은 Marlowe의 시에 나오는 '낭랑한 목청으로 노래하는 새들'(melodious birds)이라는 구절에서 연상된 것이겠지만, Raleigh의 의도는 겁탈당한 채 혀가 잘려 말도 못하게 되었던 필로멜라의 신화를 상기시켜 나이팅게일이 노래할 수 없는 것과 같은 고통스런 상황을 암시한다. 그래서 새들이 언제나 사랑의 노래를 부를 것처럼 말하는 목동이 얼마나 허황된지를 말해 준다.

셋째 연도 계절에 따라 변하는 들판의 모습을 보여 준다. Marlowe의 시 셋째 연에서 목동은 장미침대와 향기로운 꽃다발, 꽃모자, 도금양으로 꾸민 치마 선물을 약속했다. 그러나 이 시에서 그녀는 겨울이 오면 모든 꽃은 시들고 무성한 들판도 황량해질 것이라고 말한다. 목동과 그녀의 입장 차이는 '꿀'(honey) / '담즙'(gall), '혀'(tongue) / '가슴'(breast), '환상' / '슬픔', '봄' / '가을'과 같은 반대의 의미를 가진 말들의 짝에서 잘 나타난다. 목동의 말은 감미롭지만, 그의 속마음은 사실 그렇지 못하고, 그가 상상하는 늘 봄과 같은 삶은 환상일 뿐이며, 현실은 슬픔이 가득한 가을과 같다는 것이다.

넷째 연에서도 계절에 따른 자연의 변화를 보여주는데, 여기에서 그녀는 자연으로부터 나온 목동의 온갖 선물들은 이내 부서지고 시들어 결국 잊힐 것이라고 말한다. 이런 선물들은 어리석은 마음에는 그럴듯하게 보이지만, 정신을 차리고 보면 허망하기 짝이 없다는 것이다.

다섯째 연에 이르면 드디어 아가씨의 분명한 입장표명이 나온다. 그녀는 Marlowe의 시 다섯째 연에서 목동이 약속했던 산호 고리와 호박 보석 단추가 달린 벨트 등의 선물이 결코 자신의 마음을 감동시키지 못할 것이라고 단언한다. 이처럼 이 시는 처음부터 끝까지 Marlowe의 시에 나오는 사물들에 대한 일종의 "거울 이미지들"(mirror images)을 나열하면서 그 반대 상황을 설정하여 목동의 구애에 대해 거부의 뜻을 확실히 드러낸다.

마지막 연에서는, Marlowe의 시 마지막 부분에서 축제의 분위기를 띄웠듯이, 일종의 단서를 달며 그녀는 목동의 구애를 받아들일 수도 있다는 듯이 약간의 여운을 남긴다. 그녀는 만일 젊음이 지속되고 사랑이 영원히 커가며 즐거움이 한이 없다면 목동의 선물과 사랑을 받아들이겠다고 말한다. 문제는 이 마지막 연이, 첫 연처럼 가정법으로 되어 있다는 것이다. 가정법이란 불가능한 상황을 반대로 가정해서 인간의 이루지 못하는 소망을 일시적으로 충족시키는 꿈같은 장치이다. 사실 그녀도 한 인간으로서 영원한 젊음과 사랑을 바라겠지만, 그녀는 그것이 하나의 소망에 불과하다는 것을 잘 알고 있다.

Raleigh의 시는 이처럼 시간에 따라 자연도 인간도 변하고 늙고 병들 수밖에 없다는 사물의 무상성에 대한 의식으로 가득 차 있다. 그녀가 목동의 사랑을 거절하는 것은 그의 사랑이 진실치 못하다든지 그가 비현실적인 남자여서라기보다, 오히려 시간의 유한성과 인생무상에 대한 인식과 관련이 있는 것처럼 보인다. 말하자면 이 시는 목동과 아가씨 두 사람 사이의 남녀관계를 넘어 인간이 가진 보편적 운명에 대한 자각을 보여주고 있다. 자연이든 인간이든 시간의 흐름을 비껴갈 수 없다는 생각이 그녀의 태도에 기본적으로 깔려있다는 말이다.

따라서 앞서 말한대로 Marlowe의 시가 carpe diem의 주제를 가지고 있다면, Raleigh의 시는 덧없는 세월을 한탄하는 tempus fugit(덧없는 시간)의 주제를 갖고 있다고 볼 수 있다. carpe diem은 세월이 빨리 지나가니까 현재를 즐기자는 것이라면, tempus fugit은 반대로 세월이 너무 빠르게 흘러가니까 늘 즐길 수는 없다는 것이다. 젊음은 자연이 그렇듯 시간에 따라 변하고 사라지니까 젊고 왕성할 때 즐기자는 게 전자의 생각이라면, 계절의 변화처럼 청춘과 그 아름다움은 계속 지속될 수 없고 이내 사라져버릴 것이므로 그런 젊음과 아름다움을 언제나 즐기는 것은 불가능하다는 것이 후자의 생각이다. Marlowe의 목동이 영원한 봄을 생각하는 이상적이고 낭만적인 태도를 보여 준다면, Raleigh의 아가씨는 닥쳐올 겨울을 염려하는 현실적인 태도를 보여 준다. 그러므로 Marlowe와 Raleigh의 두 시는 각각 낙관주의(optimism)와 비관주의(pessimism)라는 두 가지 상반된 삶의 자세를 보여 준다고 볼 수 있다.

William Shakespeare

(1564–1616)

1 작가의 생애와 작품경향

영국 르네상스 시대의 극작가이며 시인인 William Shakespeare는 영국뿐만 아니라 세계적으로 가장 위대한 작가 중의 하나로 알려져 있다. 그는 Stratford-upon-Avon에서 장갑을 만드는 사람의 아들로 태어나 Stratford Grammar School을 다녔으나 대학에는 가지 않았다.

Shakespeare는 1582년 18세의 나이에 8년 연상의 Anne Hathaway와 결혼을 해서 세 아이를 두었다. 22살이 되던 1586년경 그는 정확하게 알려지지 않는 이유로 혼자 런던으로 가서 먼저 연극배우로 활동을 하면서 극을 쓰기 시작했다. 그는 James왕으로부터 후원을 받은 데서 명칭이 유래한 *The King's Men*이라는 유명한 극단의 단원으로 활동했고, 나중에는 이 극단 운영의 중요 부분을 맡았다. 그는 런던에서의 성공을 통해 얻은 재산으로 고향인 Stratford에 집을 샀고, 1611년에 은퇴하여 그곳으로 돌아가 고향의 명사로서 살며 계속 글을 쓰다가, 1616년 생일과 같은 날인 4월 23일에 사망했다.

Shakespeare의 작품으로는 *Hamlet, Macbeth, Othello, King Lear*을 비롯한 비극 10편과 *Richard III, Henry VIII, Henry IV 1부, Henry*

IV 2부 등의 사극 10편, *The Tempest, A Midsummer Night's Dream, Taming of the Shrew* 등의 희극 17편 등 총 37편의 극작품이 있다. Shakespeare는 이들 극작품 외에도 *Venus and Adonis*, *The Rape of Lucrece* 등 두 편의 영웅 설화시와 154편의 소네트 연작 등을 남겼다.

[2] Shall I Compare Thee To a Summer's Day? (sonnet 18)

Shall I compare thee to a summer's day?
Thou art more lovely and more temperate:
Rough winds do shake the darling buds of May,
And summer's lease hath all too short a date:
Sometime too hot the eye of heaven shines
And often is his gold complexion dimmed;
And every fair from fair sometimes declines,
By chance or nature's changing course untrimmed;
But thy eternal summer shall not fade,
Nor lose possession of that fair thou ow'st;
Nor shall death brag thou wander'st in his shade,
When in eternal lines to time thou grow'st:
So long as men can breathe, or eyes can see,
So long lives this, and this gives life to thee.

주석

2] temperate: mild, moderate(온화한, 화창한).
3] shake: shake off(흔들어 떨어뜨리다).
4] lease: allotted time(정해진 기간, 기한).
date: end-date.
5] the eye of heaven: the sun.
7] every fair from fair: beautiful things from beauty.
8] nature's changing course: 계절의 변화, 자연의 변화.
untrimmed: stripped of gay apparel(화려한 옷을 빼앗겨).
10] thou ow'st: thou own'st; you possess.
11] shade: cf. *Psalms* 23:4 'the valley of the shadow of death.'
12] When in eternal lines to time thou grow'st: When in this

immortal poetry you become even with time(영원한 시 속에서 시간과 하나가 될 때). grow'st to time: become a part of time.

14] this: this line, this verse.

그대를 여름날과 견주어 볼까요?
그대는 여름날보다 더 아름답고 더 온화합니다.
거센 바람은 오월의 아름다운 꽃봉오리를 떨어뜨리고
여름은 정해진 시간이 그지없이 짧지요.
때때로 하늘의 눈인 태양은 너무 뜨겁게 비추다가도
자주 그 황금빛 얼굴은 흐려집니다.
모든 아름다운 것들은 그 아름다움이 언젠가는 기울지요,
우연이나 자연의 변화과정에 따라 화려함을 뺏긴 채.
그러나 그대가 이 영원한 시행 속에서 시간과 하나가 되면
그대의 영원한 여름은 시들지 않을 것이고
그대가 소유한 아름다움도 잃지 않을 것이며
그대가 자신의 그림자 속에서 헤맨다며 죽음이 자랑하지도 못할 것입니다.
사람들이 살아 숨을 쉬고 그 눈들이 이 시를 볼 수 있다면
이 시는 영원히 살며 그대에게 영원한 생명을 줄 것입니다.

3 작품분석

Shakespeare의 소네트는 대략 1590년부터 1609년 사이에 쓴 것으로, 일정한 등장인물과 줄거리가 있다. 그러나 그 줄거리 자체가 그리 잘 짜여 있는 것도 아니고, 소네트도 정확하게 줄거리를 따라 진행되지도 않는다. 등장인물로는 시인 자신과 친구인 미남청년, 시인의 여자

친구인 Dark Lady, 경쟁시인 등이 나온다. 시인은 친구인 청년의 아름다움을 찬미하고 그에게 결혼을 권유한다. 친구는 경쟁시인과 가까이 지내고 여자 친구를 빼앗아가 시인과 삼각관계를 이루면서 시인을 고통스럽게 하지만, 결국 두 사람 사이의 친교를 회복한다는 것이 주 내용이다.

Shakespearean sonnet는 abab cdcd efef gg의 각운구조를 가지고 있다. abab bcbc cdcd ee의 각운구조를 가진 Spenserian sonnet는 Spenser 이후 사용한 시인이 별로 없었기 때문에, English sonnet 형식이라는 말은 보통 Shakespearean sonnet 형식을 지칭하게 되었다. English sonnet의 내용은 세 개의 quatrain과 한 개의 couplet이 보통 한시(漢詩)의 기-승-전-결과 같은 순서로 진행이 된다. 그러나 위의 소네트 제18번은 일반적인 English sonnet와는 달리 내용상 전반부 8행(octet)과 후반부 6행(sestet)으로 나뉜다. 전반부에서는 시인이 자기 애인(남성일 수도 있으며, 오히려 이것이 정설처럼 되어 있다)의 아름다움을 여름날과 비교하고, 후반부에서는 애인의 아름다움이 자신의 시 속에서 영원히 살아남게 될 것이라고 말한다.

시의 첫 행에서 대뜸 시인은 애인의 아름다움을 여름날과 비교해 보리라고 얘기한다. 사계절 중에 가장 왕성하고 뜨거운 여름날에 비교하는 것으로 보아 애인은 자신의 일생에서 가장 젊고 아름다운 시기에 있는 젊은이일 것이다. 둘째 행부터 여덟째 행까지는 그 비교된 내용이 구체적으로 나열된다. 시인은 애인이 여름보다 더 아름답고 온화하다고 말한다. 여름에는 거센 바람이 불어 꽃을 떨어뜨리고, 태양이 너무 뜨겁다가도 구름에 가려 흐린 날씨가 되기도 하기 때문이다. 제7-8행에서는 자연의 모든 것들은 결국 아름다움이 지속될 수 없다고 말한다. 우연한 사고에 의해 그럴 수도 있고, 혹은 계절의 변화와 같은 시간에 따른 변화과정에 의해 자연히 그렇게 된다는 것이다. 사실상 이 부분은 애인의 아름다움과 여름날을 비교한 부분이라기보다, 애인을 포함한 모든 자연의 생명체는 시간에 따라 변할 수밖에 없다는 일반적 사실을 진술한 부분이다.

시인이 애인과 여름날에 대한 비교를 전반부 끝까지 끌고 가지 않고 마지막 부분에서 자연의 이런 무상함을 언급한 이유는 이 소네트의 후반부를 보면 분명해진다. 그는 자연에 속한 모든 것들은 반드시 변하고 죽을 수밖에 없지만, 그런 것들이 시 속으로 들어오게 되면 어떤 변화도 겪지 않을 것이라고 말한다. '영원한 시행 속에서 시간과 하나가 된다'는 말은 시로 형상화되어 시간과 함께 흘러가며 변함없이 영원히 살아남게 된다는 것이다. 일단 시작품속에 그려진 애인의 젊음이나 아름다움은 변할 수 없으며 따라서 죽는 일도 없을 것이기 때문이다. 시인은 결론에 해당되는 마지막 couplet에서 후대의 독자들을 가상하면서, 그런 독자들이 앞으로도 계속 자신의 시를 읽게 된다면 그 시속에 그려진 애인의 젊음과 아름다움은 다시 살아나고, 그래서 애인은 일종의 영생을 누릴 것이라고 말한다.

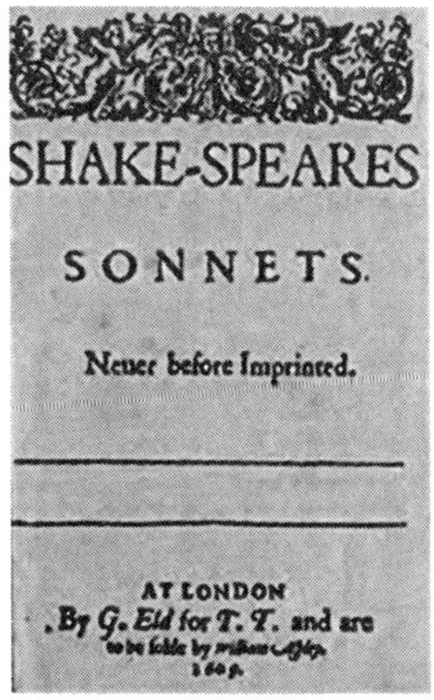

이 소네트는 우선 시인이 사랑하는 사람의 아름다움을 찬양하는 시라고 할 수 있다. 시인은 여름날이 갖고 있는 여러 단점들을 나열하면서 애인은 자연이 가장 좋을 때인 여름날보다 더 아름답다고 말한다. 그러나 이 소네트를 다 읽고나면, 시인이 궁극적으로 말하려는 것은 단순히 애인의 아름다움이 아니라는 사실이 드러난다. 그것은 자신의 시가 가진 영원성이다. 자신의 시가 영원할 것이라고 말하는 것은 시인의 자만심에서 나온 것이라기보다 르네상스 시의 일반적인 관례였다. 제4행에서 여름날이 짧기 그지없다고 말한 것도 그와 반대인 시의 영원함을 말하기 위한 포석이다. 따라서 이 소네트는 자연과 시, 인생과 예술을 대비하면서 시와 예술의 영원성과 불멸성을 찬미하는 시로 볼 수 있을 것이다.

4 When, in Disgrace with Fortune and Men's Eyes (sonnet 29)

When, in disgrace with fortune and men's eyes,
I all alone beweep my outcast state,
And trouble deaf heaven with my bootless cries,
And look upon myself and curse my fate,
Wishing me like to one more rich in hope,
Featured like him, like him with friends possessed,
Desiring this man's art and that man's scope,
With what I most enjoy contented least;
Yet in these thoughts myself almost despising,
Haply I think on thee, and then my state,
Like to the lark at break of day arising
From sullen earth, sings hymns at heaven's gate;
For thy sweet love remembered such wealth brings
That then I scorn to change my state with kings.

주석

1] in disgrace: in disfavor, out of favor.
fortune: wealth, riches; chance; luck; position in life.
2] beweep: weep over … (… 를 슬퍼하다).
3] bootless: futile, useless.
5] me: myself.
like to: like.
6] featured: look handsome.
like him, like him: like a second man, like a third man.
7] art: skill.
scope: range of accomplishment or knowledge(식견); mental

power(정신적 능력).

10] haply : by chance.
state : condition, state of mind(마음 상태).

11] Like to : Like.

12] sullen : gloomy or dismal(우울한, 시무룩한, 음산한).

13] thy sweet love remembered such wealth brings : 'remembered'를 분사로 한 형태의 구문임. 'If thy sweet love is remembered, it brings such wealth … '의 의미.

운명과 세상 사람들의 눈 밖에 나서
버림받은 내 신세를 홀로 슬퍼하고
귀머거리 하늘을 쓸데없이 한탄하며 괴롭히고
내 자신을 돌아보고 내 운명을 저주하며
더 희망찬 사람처럼 되기를 바라고
어떤 사람처럼 잘 생겼으면, 또 어떤 사람처럼 친구가 많았으면 하고
이 사람의 재주, 저 사람의 식견을 원하며
내가 가장 즐기는 것에 가장 만족하지 못할 때,
그러나 이런 생각으로 내 자신을 경멸하다가도,
어쩌다 그대를 생각하면, 그때 내 심정은
새벽에 어두운 대지에서 솟아올라
천국문에서 찬가를 부르는 종달새가 된다.
그대의 달콤한 사랑을 생각하면, 나는 부귀에 넘쳐
내 처지를 왕들과도 바꾸려 하지 않게 되니까.

5 작품분석

이 소네트의 첫 quatrain(제1-4행)에서 시인은 자신의 처지를 한탄하고 있다. 그는 우선 '운명과 세상 사람들의 눈 밖에 났다'(in disgrace with fortune and men's eyes)고 말한다. 여기에서 '운명'(fortune)이라는 말은 '행운'을 뜻하는 동시에 '부'(富)를 뜻하기도 하는 말이다. 말하자면 그는 운도 없고 돈도 없다는 것이다. 그는 또한 자신에 대한 사람들의 평이 좋지 않다고 말한다. 그래서 자기 신세를 한탄하지만, 그 한탄을 들어줄 존재가 없다. 그의 신세는 구약성경에 나오는 욥(Job)의 경우처럼 보인다. 욥이 그랬던 것처럼 아무리 자신의 처지를 한탄해 봤자 하느님은 듣지 않으신다. '귀머거리 하늘'에 대고 울부짖어 보았자 '쓸데없는' 일이 되고, 그래서 그는 자신의 운명을 저주한다.

둘째 quatrain(제5-8행)에서 그는 그런 자신을 벗어나 다른 사람처럼 되고 싶어 하며 자기에게 없는 것을 소유한 사람들을 모두 부러워한다. 자기보다 더 희망에 가득 찬 사람처럼 되고 싶어 하고, 어떤 사람처럼 잘 생기고, 또 어떤 사람처럼 친구들이 많았으면 한다. 사람들에게 인기가 없고 친구가 없는 것은 이미 이 시의 첫머리에 언급되었던 내용이다. 또 그는 어떤 사람의 재능을, 또 어떤 사람의 식견을 가졌으면 하고 바란다. 스스로 희망이 없다거나, 못 생겼다, 재능이 없다, 식견이 없다, 친구가 없다고 생각하는 것은 실제로 그럴 수도 있지만, 자기만족을 못하는 인간의 지나친 상대적 열등감이 초래한 생각일 수도 있다. 어쨌든 이렇듯 스스로에게 만족을 못하는 그로서는 자신이 가장 즐거워하는 일에도 전혀 흥미를 가질 수 없게 된다.

셋째 quatrain(제9-12행)에서는 이렇게 자신을 경멸하던 그에게 상황의 반전이 일어난다. 그가 다시 희망을 가질 수 있는 것은 우연히 '그대'가 생각났기 때문이다. 바로 '그대'라는 존재 때문에 그는 천국문에서 노래를 부르는 종달새와 같은 기분상태에 이르게 된다. 그런데 여기에서 말하는 '그대'가 누구인지 이 소네트에는 명확히 나타나있지 않다. 셋째 행의 '귀머거리 하늘'(deaf heaven)이나 열두째 행의 '천국문'(heaven's gate)이라는 구절이 암시하듯, 하늘 혹은 하느님을 지칭하는 말일 수 있을 것이다. 아니면 화자가 사랑하는 어떤 여자일 수도 남자일 수도 친구일 수도 있을 것이다(남자라는 것이 일반적 견해이다).

마지막 couplet(제13-14행)에서 그는 이렇듯 '그대'의 달콤한 사랑을 생각하게 되면 자신의 기분은 말할 수 없이 고양되어, 자신의 처지를 왕들과도 바꾸고 싶지 않게 된다고 말한다. 마지막 행에 나오는 이 'state'라는 말은 앞에서도 나왔던 것으로, 둘째 행에서는 '처지'의 뜻으로, 열째 행에서는 '마음상태' '심정'의 뜻으로, 마지막 행에서는 '나라'나 '왕국'의 뜻으로 쓰면서 일종의 동음이의어에 의한 말의 유희(pun)를 하고 있다. 이런 기분 상태에서는 자기보다 더 나아보이는 남들이 부럽기는커녕 어느 왕도 부럽지 않고, 그래서 자신의 '왕국'은 그 어느 왕의 '왕국'보다 낫다는 것이다.

한편 이 소네트는 연극배우로서의 시인 자신의 처지에 대한 이야기로 읽을 수도 있을 것이다. 그렇다면 이 시의 첫머리에 나온 '사람들의 눈 밖에 났다'는 말은 배우로서의 인기가 시들해졌다는 의미가 되며, 그래서 둘째 행에 나오는 'outcast state'라는 표현은 캐스팅되지 못한 자신의 처지를 말하는 표현이 될 수 있을 것이다. 그런 화자는 자기보다 잘 생기거나 아는 사람들이 많은 다른 배우들을 부러워하며 절망에 빠지게 된다. 그러나 '그대'를 생각하는 순간, 화자의 기분은 반전되어 새로운 기쁨과 희망에 차게 되는 것이다. 이렇게 해석할 경우 그럼 또 이때 말하는 '그대'는 누구인가? 역시 어떤 여자일까? 어떤 남자일까? 극단주일까? Shakespeare가 속한 극단을 후원했던 왕일까? 아니면 종교적으로 의지하는 하느님일까?

6 My Mistress' Eyes Are Nothing Like the Sun (sonnet 130)

My mistress' eyes are nothing like the sun;
Coral is far more red than her lips' red;
If snow be white, why then her breasts are dun;
If hairs be wires, black wires grow on her head.
I have seen roses damasked, red and white,
But no such roses see I in her cheeks;
And in some perfumes is there more delight
Than in the breath that from my mistress reeks.
I love to hear her speak, yet well I know
That music hath a far more pleasing sound;
I grant I never saw a goddess go;
My mistress, when she walks, treads on the ground.
And yet, by heaven, I think my love as rare
As any she belied with false compare.

주석

1] My mistress' eyes are … like the sun: 르네상스 시대에는 흔히 여인의 눈을 태양에 비유해서 찬미했다.
3] dun: dull greyish brown.
4] If hairs be wires … : golden hair를 golden wires에 비유하던 진부한 표현에 대한 언급.
5] damasked: mingled(색깔이 섞인).
11] go: walk.
14] she: woman.
belied with false compare: misrepresented with false comparison(헛된 비유로 잘못 표현된). compare: comparison.

내 애인의 눈은 태양을 조금도 닮지 않았고,
그녀의 입술보다는 산호가 훨씬 빨갛지요.
그녀의 젖가슴은 눈처럼 희지 않고 까무잡잡하며,
머리칼이 철사라면, 그녀의 머리는 까만 철사.
붉은 색과 흰 색이 섞인 장미꽃을 보아왔지만
그녀의 뺨에서는 그런 장미를 볼 수 없어요.
어떤 향수는 내 애인의 숨결보다
더 향기로운 냄새가 나지요.
나는 그녀의 이야기를 듣기 좋아하지만,
음악 소리가 훨씬 낫지요.
나는 걸어 다니는 여신을 본 적이 없지만,
내 애인은 언제나 땅을 밟고 걷지요.
그렇지만 맹세코 내 사랑은
과장해 표현한 어느 여인 못지않은 귀한 여인이지요.

7 작품분석

보통의 소네트와는 달리 이 소네트는 시인이 애인의 아름다움을 찬미하기는커녕 오히려 깎아내리는 식으로 거의 끝 부분까지 진행된다. Petrarch식의 과장된 비유를 역으로 해서 부정적인 방식으로 사용함으로써 Shakespeare는 Petrarch류의 전통적인 소네트에 대한 패러디를 하고 있다. 시인은 자기 애인의 신체 부위들을 여러 가지 비유를 사용해서 묘사한다. 그는 먼저 자기 애인의 눈이 전혀 태양을 닮지 않았고 입술은 산호만큼은 빨갛지 못하다고 말한다. 또 그녀의 젖가슴은 눈처럼 희지 않고 까무잡잡하며 머리칼은 금발이 아닌 검은 머리라고 한다. 오늘날 우리에게 거슬리는 표현 중의 하나는 머리칼을 철사(wire)에 비유한 것인데, 르네상스 시대에는 이 'wire'라는 말이 금실로 짠 헤어네트(hair net)를 지칭하는 말이었기 때문에 당시로서는 자연스런 비유였다. 또 그는 자기 애인의 뺨에서는 불그레한 홍조를 볼 수 없다고 말한다. 이처럼 이 소네트의 제1-6행은 시각적인 이미지를 사용해서 애인의 모습을 묘사한다.

다음 제7-8행은 후각적 이미지를 사용한다. 그는 자기 애인에게서 나는 숨결이 그다지 향기롭지 못하다고 얘기한다. 향수의 냄새가 더 좋다는 것이다. 또 제9-10행에서는 청각적 이미지를 사용한다. 그는 자기 애인의 이야기를 듣는 것을 좋아하지만, 음악 소리가 그녀의 목소리보다 더 듣기 좋다고 말한다. 그리고 제11-12행에서는 자기 애인이 걸을 때는 언제나 땅을 밟는 것을 볼 때 결코 그녀는 여신이 아니라고 말한다. 이것은 Petrarch풍의 소네트에서 대상이 되는 여인을 여신에 비유하는 것에 대한 패러디일 것이다.

여기에서 시인의 애인은 소네트 제127편에서 154편까지에서 나타나는 소위 Dark Lady로 알려진 여인으로서, 다른 남자를 사랑함으로써 시인에게 고통을 준 존재이다. 그러나 그렇게 Petrarch식의 소네트를 역으로 사용해서 그녀의 평범함을 계속 이야기하던 화자는 시의 끝 부분에 가서 일종의 획기적인 반전을 가한다. 다른 시인들의 시 속에서 Petrarch식의 비유를 통해 찬양받던 여인들은 모두 그 아름다움이 헛되이 과장되었을 뿐이라는 것이다. 자신의 애인은 헛된 비유에 의해 아름다움이 과장되었던 그 어느 여인 못지않게 아름답다고 말한다. 그렇게 함으로써 이 소네트는 전통적인 Petrarch시의 주제인 여인에 대한 시인의 절대적인 사랑으로 다시 돌아오는 구조를 갖고 있다.

따라서 이 소네트는 일차적으로 당시에 유행되던 Petrarch식의 시풍에 대한 일종의 비판의식을 드러내고 있다. 그러면서도 오히려 Petrarch식의 비유를 역이용하여 자기 애인의 부족함을 이야기하고, 그럼에도 불구하고 자기 애인이 그 어떤 여인 못지않게 아름다운 여인임을 강조하고 있다. 이 소네트의 반전이 놀라운 것은 시의 대부분에 해당되는 제1행에서부터 제12행까지 애인의 변변치 않음을 언급하다가, 제13-14행의 마지막 couplet에 가서야 갑자기 자기 애인의 아름다움을 드러내는 방식을 취하고 있기 때문이다. 마지막 부분은 이 소네트의 어느 부분 보다 Petrarch풍의 과장된 비유에 대한 강한 비판임에 말할 나위 없다.

8 To be, or Not to be

To be, or not to be : that is the question :
Whether 'tis nobler in the mind to suffer
The slings and arrows of outrageous fortune,
Or to take arms against a sea of troubles,
And by opposing end them? To die : to sleep;
No more; and by a sleep to say we end
The heart-ache and the thousand natural shocks
That flesh is heir to, 'tis a consummation
Devoutly to be wish'd. To die, to sleep;
To sleep : perchance to dream : ay, there's the rub;
For in that sleep of death what dreams may come
When we have shuffled off this mortal coil,
Must give us pause : there's the respect
That makes calamity of so long life;
For who would bear the whips and scorns of time,
The oppressor's wrong, the proud man's contumely,
The pangs of despised love, the law's delay,
The insolence of office and the spurns

That patient merit of the unworthy takes,
When he himself might his quietus make
With a bare bodkin? who would fardels bear,
To grunt and sweat under a weary life,
But that the dread of something after death,
The undiscover'd country from whose bourn
No traveller returns, puzzles the will
And makes us rather bear those ills we have
Than fly to others that we know not of?
Thus conscience does make cowards of us all;
And thus the native hue of resolution
Is sicklied o'er with the pale cast of thought,
And enterprises of great pith and moment
With this regard their currents turn awry,
And lose the name of action.

주석

3] slings: 돌팔매질, 일격.
4] arms: weapons.
6] to say: if it is supposed.
7] natural shocks: inevitable blows of life(인생의 불가피한 타격, 불행).
8] consummation: fulfillment, completion, perfection(완성, 절정).
10] perchance: by chance, possibly.
aye[ai]: yes.
rub: obstacle, hindrance; difficulty.
11] what dreams may come: the thought of what dreams may come.
12] shuffled off: cast off as an encumbrance(벗어버리다).
this mortal coil: 이 속세의 괴로움.
coil: 괴로움, 소란, 소동(trouble, turmoil, tumult, bustle)을 뜻하는 동시에 영혼을 감싸는 육신(flesh)을 뜻함.
13] respect: consideration(생각).
14] calamity: great misfortune or disaster(커다란 불행, 재앙, 재난).
of so long life: so long-lived.
That makes calamity of so long life: that makes people live so long enduring calamity(그런 생각 때문에 불행을 견디고 긴 세월을 살아간다).

15-27] Who would endure life's miseries, and refrain from suicide, were it not for the fear of eternal torment?(영원한 고통에 대한 두려움이 아니라면, 누가 인생의 불행을 견딜 것이며 누가 자살하지 않겠는가?)

15] scorns: contempts.
time: the age in which one lives(시대); society; mankind(인간사회).

16] wrong: injustice(부정, 악행).
contumely: insulting behaviour; abusive language or treatment(오만불손, 무례함).

17] despised love: 버림받은 사랑. 짝사랑.

18] office: officer.
spurns: insults; contemptuous reject or refuse(모욕, 불손함).

19] That patient merit of the unworthy takes: that a good, long-suffering man accepts from bad men(선량하고 참을성 있는 사람이 못된 자들로부터 받는).

20] quietus: release from debt(채무 따위로부터의 면제); a release from life; death(삶의 종지부를 찍는 것; 죽음).
his quietus make: commits suicide.

21] bare: unsheathed; also, mere.
bodkin: dagger.
fardels: burdens(무거운 짐).

23] But that: Unless.

24] bourn: confine, region, boundary, realm(경계, 영역).

25] no traveller returns: no dead man returns to life.
puzzles: paralyzes.

26] ills: misfortune; trouble(재난, 재앙, 불행).

27] others: other countries.

28] conscience: reflection, consciousness, consideration(생각, 의식).

29] native hue: natural, sanguine complexion; natural healthy colour(타고난 건강한 혈색). hue: colour.

30] sicklied o'er: covered with a sickly hue; made pale(병색을 띠다; 창백해지다).
pale cast of thought: colour of melancholy. cast: 색조, 기미.

31] pith: essential part, essence, core(골자, 핵심).
pith and moment: significance and importance.

32] with this regard: for this reason; from this consideration(이런 이유 때문에, 이런 생각 때문에). regard: consideration.
awry: away from the proper direction; amiss; wrong(제 방향에서 벗어나, 잘못되어).

살아갈 것인지, 아니면 죽을 것인지, 그것이 문제로다.
어느 쪽이 더 고결한 정신인가? 가혹한 운명의
돌팔매와 화살을 맞고도 참을 것인가,
아니면 세상의 숱한 고통에 맞서 싸워
끝장내 버릴 것인가? 죽는 것은 잠드는 것,
그뿐이다. 잠으로 마음의 괴로움과
육신이 겪게 마련인 수만 가지 고통을
끝장낼 수 있다면, 그것이야말로 바라마지 않는
최고의 순간. 죽는 것은 잠드는 것.
잠이 들면, 꿈을 꾸겠지. 그래, 그것이 문제야.
우리가 이 육신의 굴레를 벗을 때
죽음이라는 잠이 들면 어떤 꿈을 꾸게 될지 몰라서
망설이게 되거든. 그 점 때문에
불행을 견디고 긴 세월을 살아가지.
그렇지 않다면 누가 견디겠어? 세상의 비난과 조롱,
폭군의 횡포, 오만한 자의 불손,
버림받은 사랑의 고통, 질질 끄는 재판,
관리들의 거만함, 덕이 있고 참을성 있는 사람이
못된 자들로부터 받는 모욕을.
단 한 자루의 칼만 있어도
인생을 끝장낼 수 있는데. 누가 무거운 짐을 지고
지겨운 인생을 살며 투덜거리고 땀을 흘리겠어?
한 번 가면 다시 돌아오지 못하는
저 미지의 나라, 그 사후 세계에 대한 두려움 때문에
의지가 약해지고

우리가 알지도 못하는 곳으로 무작정 뛰어드는 대신
현재의 불행을 참지 않는다면 말이야.
그런 생각 때문에 우리는 모두 겁쟁이가 되고,
그래서 본래의 선명한 결심은
창백한 생각 때문에 병색을 띠게 되고
의미 있고 중대한 계획들은
이런 생각 때문에 제 길을 벗어나서
행동의 이름을 잃게 되거든.

9 작품분석

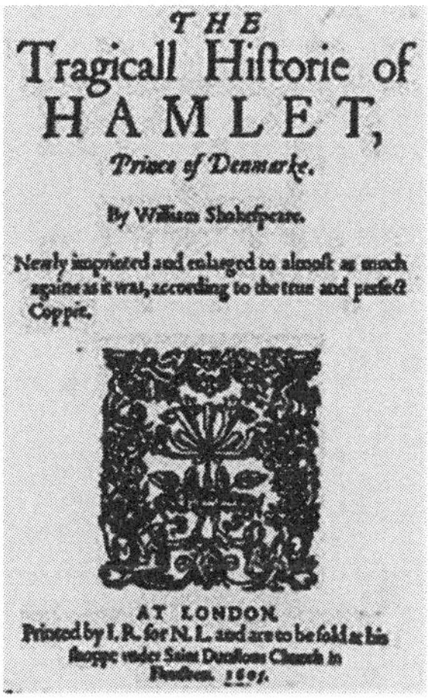
THE
Tragicall Hiſtorie of
HAMLET,
Prince of Denmarke.
By William Shakeſpeare.
Newly imprinted and enlarged to almoſt as much againe as it was, according to the true and perfect Coppie.
AT LONDON,
Printed by I. R. for N. L. and are to be ſold at his ſhoppe vnder Saint Dunſtons Church in Fleetſtreet. 1605.

영국 드라마는 운문으로 쓰였으므로 기본적으로 산문이라기보다는 시에 가까운 성격을 갖고 있다. 그러나 짧은 서정시들처럼 각운을 맞추어 쓰지는 않는다. 장시나 극작품 같이 긴 작품을 처음부터 끝까지 각운을 맞춰가며 쓰기란 아주 힘들기 때문에 보통 각운을 생략한 '무운시'(blank verse) 형식을 취하게 된다. 그러나 운문으로서의 특성을 살리기 위해 약강5보격(iambic pentameter)의 운율을 사용하며, 극의 한 장(scene)이 끝나는 부분에서는 각운을 이루는 2행연구(couplet)를 사용하여 관객들에게 장이 끝난다는 것을 알려 준다.

Shakespeare의 4대 비극 중의 하나인 *Hamlet*은 아버지의 혼령으로부터 삼촌의 추악한 범죄의 비밀을 알게 된 아들 Hamlet이 미친 척

하며 복수하고 죽는다는 내용을 갖고 있는 비극이다. 그 과정에서 Hamlet은 숨어서 엿듣고 있던 Polonius를 우연히 죽이게 되고, Hamlet의 애인인 Polonius의 딸 Ophelia는 Hamlet의 행동에 충격을 받아 미쳐서 물에 빠져 죽는다. 인용된 부분은 *Hamlet* 제3막 1장 56-88행으로, Hamlet이 결행을 할지 말지 망설이며 독백을 하고 있는 부분이다. 복수를 하고 죽을지, 불의를 그대로 참고 살아갈지 그는 고민한다. Hamlet은 삶의 고통과 불공평함에 대해 한탄하지만, 그 대안이 될 수 있는 죽음과 그 이후에 오는 사후세계에 대한 두려움 때문에 망설인다. 그래서 아버지를 살해하고 새로운 왕이 된, 삼촌이며 의붓아버지인 Claudius에 대한 즉각적인 복수를 주저하게 된다.

이 독백의 첫머리는 Hamlet이 세상을 살아가면서 겪을 수밖에 없는 고통을 참는 것이 더 고결한 것인지, 아니면 차라리 죽음을 택하는 것이 더 고결한 것인지 갈등하는 부분이다. 인간의 덧없는 일생은 흔히 인간의 하루에 비유되며, 따라서 인간이 생애를 마치고 맞이하는 죽음과 사후세계는 인간이 하루를 보내고 갖는 휴식인 잠과 꿈에 비유된다. 마찬가지로 Hamlet도 여기에서 죽는 것은 잠드는 것이라고 말한다. 그렇게 죽음이라는 잠으로써 '마음의 괴로움과/ 육신이 겪게 마련인 수만 가지 고통을/ 끝장낼 수 있다면/ 그것이야말로 바라마지 않는/ 최고의 순간'이 되는 것이다.

그러나 인간이 잠에 들면 꿈을 꾸듯이, 죽음 이후에 맞이하게 될 미지의 세계, 아무도 갔다가 돌아온 사람이 없는 그 세계에 대한 공포심이 그의 발목을 잡는다. 그렇지 않다면 그 누가 '세상의 비난과 조롱, / 폭군의 횡포, 오만한 자의 불손, / 버림받은 사랑의 고통, 질질 끄는 재판, / 관리들의 거만함, 덕이 있고 참을성 있는 사람이 / 못된 자들로부터 받는 모욕을' 참으며 긴 세월 동안 '투덜거리고 땀을 흘리며' 불행한 일생을 살아가겠느냐고 반문한다. 그래서 대부분의 인간은 모르는 세계로 무작정 뛰어드느니 차라리 현재의 불행과 고통을 참게 된다고 말한다. 역시 Hamlet 자신도 그런 점 때문에 결행을 망설일 수밖에 없다는 것이다.

인간이 잠이 들면 꿈을 꾸듯, 육신이 죽어도 인간 영혼에게 사후세계가 보장된다면, 인간은 현재의 고통과 괴로움, 부당함을 반드시 참고 살 필요는 없을지 모른다. Hamlet의 고민은 두 가지로 보인다. 그 하나는 인간의 하루-잠-꿈과 인간의 일생-죽음-사후세계의 등식이 반드시 성립하지 않을지도 모른다는 것이다. 인간은 잠이 들면 꿈을 꾸지만, 인간이 죽은 후에 반드시 사후세계가 있으리라는 보장은 없다. 아무도 죽었다가 다시 살아 돌아온 사람이 없으므로 사후세계가 있다는 것을 아무도 증명할 수 없는 게 사실이다. 이 독백의 첫머리에 나오는 'To be, or not to be: that is the question'이라는 말은 그래서 단지 계속 살아갈 것인지, 아니면 죽음을 택할 것인지를 고민하는 것이 아니라, 사후세계가 '존재할 것인지, 아니면 존재하지 않을 것인지, 그게 의문'이라는 말일 수도 있다.

Hamlet의 두 번째 고민은 설사 사후세계가 존재한다고 해도 자신처럼 비정상적인 죽음을 선택할 경우는 결국 지옥불에 떨어질 것이라는 기독교적인 세계관에서 오는 것으로 보인다. 당시 사람들에게는 자살 같은 방법으로 죽음을 맞게 되면 지옥에 가게 된다는 생각이 지배적이었기 때문이다. 어쨌든 Hamlet은 인간의 삶은 불행하지만, 죽음은 더 극악할 수 있다고 생각하고 있는 것 같다. 그래서 그는 '겁쟁이'가 되며, 본래 했던 결심은 흔들리고 자신의 '의미 있고 중대한 계획들은' '행동의 이름을 잃게 된다'고 말하고 있다.

Thomas Nashe

(1567–1601)

1 작가의 생애와 작품경향

Nashe는 Suffolk에서 목사의 아들로 태어나 Cambridge대학의 St John's College에서 공부하고, 1585년 졸업을 한 후 소위 '대학재사'(University Wits) 중 한 사람이 되었다. '대학재사'란 Elizabeth 1세 치하에서 런던을 중심으로 극을 썼던 대학 출신의 작가들을 일컫는 말이다.

그는 프랑스와 이탈리아를 두루 여행하고 런던으로 돌아온 후 Martin Marprelate 논쟁에 뛰어들었다. 청교도들은 'Martin Marprelate'라는 가명으로 영국 국교회 주교들을 풍자하고 조롱하는 소책자들을 발행했는데, 이 소책자들은 일반인들에게 매우 인기가 높았다. Nashe는 1590년대 초에 영국국교회 편에 서서 몇 개의 반(反) 마티니스트 소책자를 만드는 일에 관여했는데, 이 글들은 Nashe의 풍자가로서의 재능을 여실히 보여주었다. Nashe는 또한 자신의 멘토인 Robert Greene을 비판하는 작가들인 Richard와 Gabriel Harvey 형제를 공격하는 *Strange Newes of the Intercepting of Certain Letters*로 알려진 *Four Letters Confuted*(네 편지의 논박, 1593)라는 글을 써내기도 했다.

Nashe는 이후 다른 문학 장르에도 관심을 돌려 의사영웅시(mock-heroic)체의 패러디인 *The Unfortunate Traveller or The Life of Jack Wilton*(불행한 여행자. 1594)을 써냈다. 영어로 쓰인 최초의 피카레스크 소설(악한이 주인공인 이야기로, 소설 이전 형태)인 이 작품은 Nashe의 최고 작품으로 되어 있다. Nashe의 또 다른 중요 작품으로는 목가적 희극인 가면극 *Summer's Last Will and Testament*(여름의 유언과 언약, 1592년 공연, 1600년 출판), 악마 연구에 대한 공격인 *The Terrors of the Night*(밤의 공포, 1594) 등이 있다. 또한 Nashe는 Ben Jonson과 합작으로 풍자 희극 *The Isle of Dogs*(개들의 섬, 1597년 공연, 원고소실)를 썼는데, 이것 때문에 당국은 극장을 폐쇄하고 Nashe를 감옥에 처넣기도 했다. 위의 삽화는 그때의 상황을 잘 보여 준다.

Nashe의 죽음에 대해서는 잘 알려져 있지 않다. 그는 1601년 서른넷의 나이로 죽었는데, 전염병으로 죽었다는 설과 독살이라는 설이 있다.

2 Spring, the Sweet Spring

Spring, the sweet spring, is the year's pleasant king,
Then blooms each thing, then maids dance in a ring,
Cold doth not sting, the pretty birds do sing :
    Cuckoo, jug-jug, pu-we, to-witta-woo!

The palm and may make country houses gay,
Lambs frisk and play, the shepherds pipe all day,
And we hear aye birds tune this merry lay :
    Cuckoo, jug-jug, pu-we, to-witta-woo!

The fields breathe sweet, the daisies kiss our feet,

Young lovers meet, old wives a-sunning sit,
In every street these tunes our ears do greet:
Cuckoo, jug-jug, pu-we, to witta-woo!
Spring, the sweet spring!

주석

3] sting: (추위가) 매섭다.
4] Cuckoo, jug-jug, pu-we, to-witta-woo!: 뻐꾸기, 나이팅게일, 댕기물떼새, 올빼미의 울음소리를 각각 흉내낸 말들.
5] palm: goat willow(갯버들).
may: hawthorn(산사나무, 아가위나무).
gay: bright, showy, colorful(화려한).
6] frisk: 까불대다.
7] aye[ei]: always.
tune: sing.
lay: song.
10] wives: women.
a-sunning: 햇볕을 쬐며.
11] tunes: songs.

봄, 향기로운 봄은 일 년 중의 즐거운 왕,
봄이 오면 온갖 꽃 피고, 아가씨들은 둥그렇게 모여 춤을 추네.
추위도 매섭지 않고, 예쁜 새들 노래 부르네.
쿠쿠, 적-적, 푸-위, 투-위타-우!

갯버들과 아가위나무는 시골집들을 화려하게 하고,
양들은 까불대고 놀며, 목동들은 종일 피리를 부네.
새들이 이런 즐거운 노래를 부르는 소리가 언제나 들리네.
쿠쿠, 적-적, 푸-위, 투-위타-우!

들판에는 향기 풍기고, 들국화는 우리 발에 입맞춤을 하며,
젊은 연인들은 만나고, 늙은 부인들은 앉아 햇볕을 쬐고 있네.
모든 거리에서는 이런 노랫가락이 우리 귀에 인사하네.

쿠쿠, 적-적, 푸-위, 투-위타-우!
봄, 향기로운 봄!

3 작품분석

A PLEASANT
Comedie, called
Summers last will and
Testament.
Written by Thomas Nashe.

이 작품은 Nashe의 목가적 희극 *A Pleasant Comedy Called Summer's Last Will and Testament*에 실린 노래이다. 이 희극은 영국 르네상스 희극의 새로운 지평을 연 작품으로서, 매우 지적이며 사회적인 성격을 지닌 극작품으로 알려져 있다.

여기에 실린 이 시는 만물이 생동하는 봄을 잘 표현하고 있다. 노래를 부르는 새들로부터 뛰노는 양까지, 젊은 연인들로부터 햇볕을 쬐는 노파들에 이르기까지 모두 봄의 기운을 만끽하고 있다. 작가는 생동감을 부여하기 위해 의인법을 사용하고 있다. 들판이 달콤한 향기를 풍긴다('fields breathe sweet')든지 들국화가 우리 발에 입맞춤을 한다('daisies kiss our feet')든지 노랫가락이 우리 귀에 인사한다('these tunes our ears do greet')든지 하는 표현들이 그렇다.

첫 연에서 화자는 봄이 사계절 중의 왕이라고 표현한다. 사람에 따라서는 여름이나 또 다른 계절을 계절의 왕으로 생각할 수 있다, 그러나 이 노래의 화자는 봄이 일 년 중의 왕이며, 그것도 즐거운 왕이라고 말한다. 봄에는 아직 차가운 기운이 남아 있지만, 그 추위는 겨울처럼 매섭지 않다('Cold doth not sting'). 그래서 온갖 꽃들이 피고 아가씨들은 춤을 추며, 새들은 각자 자기가 가진 목소리로 노래를 부른다.

'쿠쿠, 적-적, 푸-위, 투-위타-우!'라는 의성어를 그대로 쓴 것은 이 노래를 투박하게 만들면서도 동시에 이 노래가 자연을 직접적으로 표현하고 있다는 느낌을 준다.

둘째 연에서도 전체적인 분위기나 등장하는 소재들은 첫 연과 크게 다르지 않다. 갯버들과 아가위나무가 시골집들을 화려하게 한다, 혹은 즐겁게 한다는 말은 봄이 와서 자연이 푸르러지고 꽃이 피면서 화사해진다는 말이다. 이때 어린 양들과 목동들은 봄을 즐기며, 새들도 노래를 부른다. 둘째 연 마지막도 역시 새들의 노랫소리로 후렴구를 장식하면서 음악적인 느낌을 더하고 있다.

셋째 연에서는 특히 의인법이 사용되면서 자연이 인간과 하나가 되는 느낌을 준다. 들국화와 새들의 노랫가락이 우리에게 입맞춤하고 우리 귀에 인사를 하는 광경이 묘사된다. 특히 봄에는 모든 살아 있는 것들이 고독하게 홀로 있는 법이 없다. 젊은 연인들도 만나고, 노파들도 서로 만나는 계절이다. 그래서 모든 거리는 음악과 기쁨으로 넘쳐나게 된다. 셋째 연 마지막 부분에도 새들의 노랫소리를 후렴구로 반복하는데, 화자는 이것에다가 이 노래의 첫 부분에 나왔던 '봄, 향기로운 봄'이라는 구절을 다시 반복하면서 이 노래가 이제 끝났음을 알려 준다.

특히 이 노래는 각 연마다 서로 다른 각운과 내운을 반복하면서 음악적인 효과를 배가시키고 있음에 주목할 필요가 있을 것이다. 첫 연에서는 spring, king, thing, ring, sting, sing을, 둘째 연에서는 may, gay, play, day, aye, lay를, 셋째 연에서는 sweet, feet, meet, street, greet 등을 쓰면서 시인은 이 시가 무엇보다도 노래의 느낌이 나도록 만들고 있다.

봄이 오면 날이 따뜻해지며 꽃이 피고 새가 울며 젊은이들이 사랑을 속삭인다는 말은 이제 봄에 관한 너무도 상투적인 표현들이 되어

버렸다. 아마도 이 시가 음악적인 특성조차 없었다면 그다지 문학작품으로서의 의미를 찾기 어려웠을지 모른다. 이 시를 독창성이 요구되는 하나의 독립적인 작품으로서 읽기보다는 희극작품 속에서 분위기를 조성하는 하나의 노래로 보는 것이 좋을 것이다.

Michael Drayton
(1563–1631)

1 작가의 생애와 작품경향

Shakespeare와 같은 Warwickshire에서 그보다 일 년 먼저 태어난 Drayton은 무대극을 합작하고, 소네트와 목가, 송가(odes), 서간체의 시 등을 쓴 작가이다. 열 살 무렵부터 시인이 되기로 작정한 그는 끊임없이 자신의 작품을 수정하며 다시 쓰고 때때로 다른 제목으로 발표하기도 하는 등 각고의 노력을 기울였다.

출판된 그의 첫 작품은 성경구절을 시로 쓴 *Harmonie of the Church*(교회의 하모니, 1591)로서, 특히 두운(alliteration)의 사용이 두드러

IDEA.
IN
SIXTY-THREE
SONNETS.
BY
MICHAEL DRAYTON,
ESQUIRE.

LONDON,
Printed for JOHN SMETHWICK.
1619.

진 작품이다. 그의 주요 작품으로는 13세기 중반 영국에서 발생한 내란을 다룬 *Barons' Wars*(배런전쟁, 남작전쟁)라는 시형식으로 쓴 역사서가 있다. 또 그의 *Poly-Olbion*(복 많은 나라, 1612, 1622)은 15,000행에 달하는 장시로서 영국의 지리와 풍속 등에서 소재를 얻어온 작품이다.

Drayton의 유명한 소네트 연작집(sonnet cycle) *Idea*(이데아, 1619)는 원래 *Idea's Mirrors*(이데아의 거울, 1594)라는 제목으로 나왔던 작품집을 대폭 수정하여 발행한 것이다. Drayton은 어린 시절 Henry Goodyere 경의 시동으로 있었는데, 이 소네트집은 그의 작은 딸 Anne에 대한 연가로서, 플라톤적인 덕성과 미의 관념을 구체화한 작품이다. 그녀가 Henry Rainford와 결혼한 이후에도 Drayton은 계속 자신의 시를 통해 그녀를 찬미하며 평생 결혼하지 않고 살았다.

2 Since There's No Help, Come Let Us Kiss and Part from *Idea* (sonnet 61)

Since there's no help, come let us kiss and part;
Nay, I have done, you get no more of me,
And I am glad, yea, glad with all my heart
That thus so cleanly I myself can free;
Shake hands for ever, cancel all our vows,
And when we meet at any time again,
Be it not seen in either of our brows
That we one jot of former love retain.
Now at the last gasp of Love's latest breath,
When, his pulse failing, Passion speechless lies,
When Faith is kneeling by his bed of death,
And Innocence is closing up his eyes,
Now if thou wouldst, when all have given him over,
From death to life thou mightst him yet recover.

주석

1] no help: 어쩔 도리가 없다.
come: 자!
2] Nay: Rather(아니 그러기보다).
I have done: I have done with my love(사랑을 끝냈다).
3] yea: indeed.
4] cleanly: completely.
5] for ever: forever(끝으로).
7] brows: 얼굴(표정).
8] jot: 조금, 기색, 기미.
9] latest: last.
10, 11, 12] his: love's.
13] wouldst: wished.
13-14] Now … recover: Even now, after the 'final' farewell, the lover longs to be reconciled(마지막 작별을 고한 지금에도 연인은 화해하기를 바란다).

어쩔 도리가 없으니, 자! 키스하고 헤어지자.
아니 이제 사랑이 끝났으니 너는 더 이상 나를 만날 수 없어.
나는 기쁘다, 진심으로 기뻐,
이렇게 내가 완전히 자유로운 몸이 되었으니.
마지막으로 악수하고, 모든 사랑의 맹세는 지워버리자.
그리고 언제 다시 만나더라도
우리 얼굴에 옛사랑의 흔적을
티끌만치도 보이지 말자.
지금 **사랑**이 마지막 숨을 가쁘게 몰아쉴 때,
그 맥이 떨어지는 가운데 **열정**은 말을 잃고,
믿음은 그 임종 침대 곁에서 무릎을 꿇고,
순결이 그 눈을 감겨주고 있는,
모두가 그를 포기한 지금이라도, 네가 원하기만 하면
너는 그를 죽음에서 살릴 수 있어.

3 작품분석

"Love's Farewell"(사랑의 작별)이라는 제목이 붙기도 하는 이 소네트는 Drayton의 소네트 연작집 *Idea*의 제61번 소네트이다. 이 소네트는 19세기 시인 Rossetti가 '영어로 쓰인 거의 최고의 작품'(almost the best in the language, if not quite)이라고 격찬한 소네트로, 사랑의 미련을 표현하고 있는 시이다.

이 소네트의 형식은 각운이 abab cdcd efef gg인 영국형 소네트로서, 전체적으로 세 개의 4행연구(quatrain)와 한 개의 2행연구(couplet)로 되어 있다. 첫 quatrain(제1-4행)에서 화자는 자기 애인에게 이제 어쩔 도리가 없으니 작별하자고 말한다. 어쩔 도리가 없다는 말은 두 사람이 헤어지게 된 것은 자신의 의사와는 상관없는 일로, 아마도 상대방의 뜻이거나 둘이 해결할 수 없는 어떤 상황 때문이라고 말하는 것 같다. 상대방이 마음만 고쳐먹으면 관계를 회복할 수 있다는 이 시의 마지막 부분의 얘기로 보아서 불가피한 어떤 상황이 있었다기보다는 상대방의 생각 때문에 두 사람이 헤어질 수밖에 없다고 말하는 것으로 보인다. 그는 그렇게 두 사람이 결별하게 되어 자유로워졌으니 오히려 홀가분하여 기쁘다고 말한다.

둘째 quatrain(제5-8행)에서는 두 사람 사이의 사랑의 맹세는 모두 잊어버리자고 말한다. 그리고 혹시 앞으로 언젠가 다시 만나더라도 두 사람 모두의 얼굴에서 옛사랑의 흔적이 남아 있지 않도록 하자고 한다. 과거의 사랑에 대한 미련을 아예 갖지 말자는 것이다. 이렇게 함으로써 그는 이 소네트의 전반부 8행에서 사랑했던 사람과의 결별을 확실히 해두려고 한다.

셋째 quatrain(제9-12행)에서는 이제 두 사람 사이의 사랑이 사라져가는 것을 의인화시켜 표현하고 있다. 그래서 '지금 **사랑**이 마지막 숨을 가쁘게 몰아쉬고 있다'고 말한다. 죽어가는 사랑의 임종 침대에는 사랑과 더불어 존재하는 사랑의 필수요소들이 마치 임종을 지키는 가족이나 친구들처럼 묘사되고 있다. 그래서 **열정**은 말을 잃고, **믿음**은 무릎을 꿇고 있으며, **순결**이 사랑의 눈을 감겨주고 있다고 말한다. 사랑에 붙어 다니던 열정과 믿음과 순결도 이제 사랑에게 영원한 이별을 고하는 참이다.

그러나 그는 마지막 couplet(제13-14행)에서 대반전을 시도한다. 아무리 사랑이 다 죽어가고 있다고 해도 상대방이 원하기만 하면 모든 것을 원래대로 되돌릴 수 있다고 말한다. 열정과 믿음과 순결조차 포기하고 떠나가는 지금이라도 상대방이 마음을 돌리기만 하면 사랑을 죽음의 문턱에서 구해내 살릴 수 있다는 것이다. 따라서 이 시의 전반부에서 말했던 것과는 달리, 화자 자신은 결코 이별을 원치 않았던 것이 분명해진다. 사람 사이의 사랑은 역시 마음의 문제이다. 아무리 뜨겁던 사랑도 마음이 바뀌면 하루아침에 끝난다. 마찬가지로 다 꺼져가는 사랑도 당사자가 마음을 돌리기만 하면 사랑의 불을 다시 지필 수 있게 된다.

Thomas Campion
(1567–1620)

1 작가의 생애와 작품경향

Thomas Campion은 가면극 작가, 시인, 작곡가, 법률학도, 내과의사 등을 겸했던 다방면에 재능을 보였던 사람이다. 처음에는 라틴어로 시를 쓰기 시작했는데, 그의 시는 특히 음악성이 강했다. Campion은 1601년에 *A Booke of Ayres to be Sung to the Lute, Orpherian and Bass Viol*을 내놓은 이후 1617년까지 네 권의 아리아집을 출판했다. 그의 *Observations in the Art of English Posie*(영국시예술 고찰, 1602)는 강세와 각운에 기초한 기존의 영시의 운율방식을 비판한 이론서이다.

3년 동안 유럽대륙에 머물다가 돌아온 Campion은 1606년부터 의사로 개업을 했다. 이 시기에 그는 *The Lords' Masque*(1613) 등 James 1세의 궁정에서 공연된 몇 개의 가면극을 썼다. 1613년에는 음악이론서인 *A New Way of Making Fowre Parts in Counterpoint*를 내놓았다. 이후 한 때 살인혐의를 받기도 했으나 무죄임이 드러나 석방되었다. 그는 결혼을 하지 않았고 자식 없이 살다가 1620년에 전염병으로 사망했다.

[2] There Is a Garden in Her Face

There is a garden in her face
  Where roses and white lilies grow;
A heavenly paradise is that place,
  Wherein all pleasant fruits do flow:
    There cherries grow which none may buy
    Till "Cherry ripe!" themselves do cry.

Those cherries fairly do enclose
  Of orient pearl a double row,
Which when her lovely laughter shows,
  They look like rose-buds fill'd with snow;
    Yet them nor peer nor prince can buy
    Till "Cherry ripe!" themselves do cry.

Her eyes like angels watch them still;
  Her brows like bended bows do stand,
Threat'ning with piercing frowns to kill
  All that attempt with eye or hand
    Those sacred cherries to come nigh,
    Till "Cherry ripe!" themselves do cry.

주석

3] paradise: 원래 Persia어로 정원(garden)의 뜻. Eden동산을 연상시킨다.

4] flow: abound. 성경의 '젖과 꿀이 흐르는'(flowing with milk and honey)이라는 말의 울림을 담고 있다.

5] cherries: 여자의 입술을 지칭.

6] "Cherry ripe!": 런던 거리에서 버찌를 파는 장사들이 외치는 소리.

8] orient: shining.
Of orient pearl a double row: a double row of orient pearl ((두 줄의 치아를 말함)).

11] nor … nor: neither … nor.
13] angels: protecting angels(수호천사들).
14] brows: 여기서는 눈썹(eyebrows)을 말함.
17] nigh: near.

그녀 얼굴에 있는 정원에
장미와 흰 백합이 자라고 있네.
그 곳은 성스런 낙원,
온갖 즐거운 열매가 넘쳐난다네.
거기에 아무도 살 수 없는 버찌가 자라고 있네,
그들 스스로 "버찌 사세요!"라고 외치기 전에는.

그 버찌들은 두 줄의 빛나는 진주를
예쁘게 에워싸고 있어서,
그녀의 다정한 웃음이 보여줄 때면
흰 눈으로 가득 찬 장미꽃 봉오리처럼 보이네.
하지만 귀족도 왕자도 살 수가 없다네,
그들 스스로 "버찌 사세요!"라고 외치기 전에는.

그녀의 두 눈은 천사들처럼 늘 그것을 지키고 있네.
두 눈썹은 당겨진 활처럼 곤두서서
매섭게 찌푸린 눈살로
눈이나 손으로 성스러운 버찌에 접근하려는
모든 자를 죽이겠다는 듯이 위협하고 있네,
그들 스스로 "버찌 사세요!"라고 외치기 전에는.

3 작품분석

"Cherry-Ripe"라는 제목으로도 알려져 있는 이 시는 노래로 작곡되어 널리 애송된 작품이다. 이 시는 전체적으로 어떤 여인의 얼굴을 정원으로 생각하고, 이마나 뺨, 입술 등을 그 정원에 피어 있는 꽃에 비유하고 있다. 여자의 얼굴을 정원에 비유하는 것은 흔한 문학적 관례였다.

첫 연에서 장미와 흰 백합은 아마 불그레한 홍조를 띤 뺨과 흰 살갗 혹은 하얀 이마 등을 지칭하는 것으로 보인다. 화자는 이 여인의 얼굴이 온갖 과일로 넘쳐나는 에덴동산과 같다고 말한다. 그곳에는 버찌도 자라지만, 스스로 버찌를 사라고 외치기 전에는 아무도 살 수 없다고 한다.

둘째 연에 가서야 이 말의 정확한 의미가 드러난다. 버찌들이 두 줄의 진주를 감싸고 있고 그 진주를 그녀의 웃음이 보여 준다는 표현으로 보아서, 이 버찌들은 그녀의 입술을 지칭하는 것임을 알 수 있다. 웃음으로 그녀가 빛나는 흰 치아를 보이면, 그 모양은 마치 '흰 눈으로 가득 찬 장미꽃 봉오리' 같다고 말한다. 그러나 그 버찌는 스스로 사라고 외치기 전에는 귀족이나 왕자라 할지라도 살 수가 없다. 아무리 지체가 높은 사람이라도 여자가 허락하지 않으면 키스를 할 수가 없다는 것이다.

셋째 연에서는 그녀의 두 눈은 천사들처럼, 눈썹은 팽팽하게 당겨진 활 모양을 하고, 버찌를 허락 없이 훔치려는 자들을 감시하고 있다고 말한다. '눈이나 손으로'라는 말은 '마음속으로나 실제 행동으로'라는 정도의 뜻으로 보인다. 그녀는 마음으로든 실제로든 자신의 입술을 훔치지 못하도록 단단히 지키고 있다. 그래서 그녀 스스로 "버찌 사세요!"라고 외치기 전에는 어떤 남자도 함부로 접근할 수가 없다.

따라서 이 시는 전체적으로 여자가 쉽사리 허락하지 않아서 남자들이 키스할 수 없는 상황이 반복적으로 제시되고 있는 것처럼 보인다. 그러나 각 연에서 후렴구로 반복해서 쓰이고 있는 마지막 행에 주목하면 시의 의미는 정반대로 바뀐다. '그들 스스로 "버찌 사세요!"라고 외치기 전에는'(Till "Cherry ripe!" themselves do cry)이라는 말은 '마침내 그들 스스로 "버찌 사세요!"라고 힘주어 외친다'는 뜻으로 읽을 수도 있다. 말하자면, 잘 익은 버찌가 있으니 빨리 사라고 외치는 것이다. 여자가 이제 키스할 준비가 다 되어 있으니 어서 키스해 달라고 거듭 말하는 꼴이 된다. 이렇게 보면 이 시의 주된 내용은 여자가 키스를 호락호락 허락하지 않는다는 게 아니라, 오히려 여자가 입술로 남자를 유혹하는 것이 된다. 문자 그대로의 뜻과 시의 구조에서 드러나는 숨겨진 뜻의 차이에서 오는 시의 묘미가 여기에 있다.

17세기

(The Seventeenth Century: 1603-1660)

John Donne

Ben Jonson

Robert Herrick

Much of Time

George Herbert

John Milton

Andrew Marvell

Henry Vaughan

Edmund Waller

John Donne
(1572–1631)

1 작가의 생애와 작품경향

John Donne은 런던의 독실한 로마 가톨릭 교도의 집안에서 태어났다. 아버지가 런던에서 철물상을 운영하여 부유했으나 그가 네 살 때 세상을 떠났다. 그는 Oxford대학에서 3년, Cambridge대학에서 3년을 공부했으나 종교적인 문제로 어느 대학에서도 학위를 받지 못했다. 스무 살이 되던 1592년에 Lincoln's Inn(법학원)에 입학했는데, 법학원 시절에 Donne은 수많은 연애시와 풍자시를 썼다.

1596년 그는 Essex백작을 따라서 스페인 원정에 종군했고, 귀국 후 26세의 나이에 국새상서(Lord Keeper of the Great Seal)인 Thomas Egerton경의 개인비서가 되었다. 그러나 1601년에 Egerton경 부인의 조카딸인 열여섯 살의 Ann More와 비밀결혼한 사실이 발각되고 나서 그는 출세가 보장되던 그 자리에서 해직되고 몇 달 동안 감옥살이를 했다.

그 후 약 8년 동안 그는 미래에 대한 아무런 기약도 없이 몹시 빈궁한 생활을 해야 했고, 1608년경에는 *Biathanatos*(자살론, 사후인 1644년 출판)를 쓰기도 했다.

결국 시골에서 지내던 그는 런던으로 다시 돌아와 귀족들과 사귀면서, 영국국교회를 옹호하고 가톨릭의 예수회를 공격하는 *Ignatius, His Conclave*(이그나티우스의 비밀회의), *The Pseudo-Martyr*(가짜 순교자) 등의 글을 썼다. 이를 계기로 그는 왕의 총애를 얻고 상원의원들의 후원을 받게 되었다. 43세가 되던 1615년에는 영국국교회로 개종하고 국교회 목사가 되었다. 49세 때는 St. Paul 성당의 수석사제(dean)가 되어 죽을 때까지 10년 동안 그 자리를 지켰다.

Donne은 당시의 화려하고 장식적인 시풍을 배격하고 탄탄한 언어와 비유를 사용한 시들을 써서, 17세기 초 영국시단의 "Metaphysical School"(형이상학파)의 중심인물이 되었다. 그러나 Donne의 시는 필사본 형태로 소수의 사람들에게만 읽혔을 뿐 당시 사람들에게는 거의 알려지지 않았다. 그는 자기시대의 가장 유창하고 열정적인 설교자로서 유명했을 뿐이다. 1912년에 Herbert Grierson경이 Donne의 시집을 출판하고, T. S. Eliot이 "The Metaphysical Poets"(1921)라는 글에서 형이상학파 시인들의 작품을 새롭게 평가하면서 비로소 영국문학에서 중요한 시인으로 자리매김하게 되었다.

2 The Good Morrow

I wonder, by my troth, what thou and I
Did, till we loved? Were we not weaned till then?
But sucked on country pleasures, childishly?
Or snorted we in the Seven Sleepers' den?

'Twas so; but this, all pleasures fancies be.
If ever any beauty I did see,
Which I desired, and got, 'twas but a dream of thee.

And now good-morrow to our waking souls,
Which watch not one another out of fear;
For love, all love of other sights controls,
And makes one little room an everywhere.
Let sea-discoverers to new worlds have gone,
Let maps to other, worlds on worlds have shown,
Let us possess one world, each hath one, and is one.

My face in thine eye, thine in mine appears,
And true plain hearts do in the faces rest;
Where can we find two better hemispheres,
Without sharp north, without declining west?
Whatever dies, was not mixed equally;
If our two loves be one, or, thou and I
Love so alike, that none do slacken, none can die.

주석

0] Good Morrow: Good Morning.
1] by my troth: 정말로, 맹세코, 절대로. troth: truth, faithfulness, fidelity.
2] weaned: stopped sucking(젖을 떼다, 이유하다).
4] the Seven Sleepers' den: 일곱 Ephesus 젊은이들이 Decius황제의 기독교 박해를 피해 은신했다는 초기 기독교 전설에 나오는 동굴. 이들이 잠을 깨어 보니 187년의 세월이 흘러 기독교가 공인된 Theodosius 2세 때가 되었다고 한다.
5] 'Twas so: It was so.
but this: except for this love.
6] beauty: beautiful woman.
9] Which watch not one another out of fear: Which watch one another not out of fear.
10] For love all love of other sights controls: Because love controls all love of other sights(사랑은 다른 것에 대한 사랑을 막아주기 때문이다).
11] makes one little room an everywhere: 작은 공간을 온누리로

만든다.

12] Let sea-discoverers to new worlds have gone: 당시의 지리상의 발견과 관계 있는 표현.

14] each hath one, and is one: 둘은 각자 자신의 세계를 갖고 있지만, 그것은 둘이 공유하는 세계이므로 결국 하나라는 뜻.

15] My face in thine eye, thine in mine appears: My face appears in thy eye, and thy face appears in my eye. 두 사람의 눈동자 속에 각각 상대방의 얼굴이 비침으로써 서로의 세계를 소유하게 된다는 말.

17] two better hemispheres: 플라톤의 사랑의 기원에 관한 설과 관계된 표현. 플라톤에 의하면 사람은 원래 네 개의 눈과 네 개의 팔, 네 개의 다리를 가지고 있었는데. 신들은 사람의 힘이 너무 세서 위협을 느끼자 반으로 쪼개 놓았다는 것이다. 사랑이란 자신의 잃어버린 반쪽을 찾으려고 하는 마음이라고 한다.

18] sharp North: 추운 북쪽.
declining West: 해지는 서쪽.

도대체 너와 내가 무엇을 했는지 모르겠어,
우리가 사랑하기 전에는. 그때까지 젖을 못 떼고
유치하게 촌스런 쾌락을 빨고 있었나?
아니면, 잠자는 일곱 기독교인들의 동굴에서 코를 골고 있었나?
바로 그랬지. 이 사랑이 아니면 모든 기쁨은 환상일 뿐.
내가 어떤 미녀를 보고
바라고 차지했다면, 그것은 단지 너의 그림자 같은 것.

그러면 이제 깨어나는 우리 두 영혼에게 아침인사를 하자.
우리 영혼이 서로를 지켜보는 것은 두려움 때문이 아니야.
사랑은 다른 모든 것들에 대한 사랑을 억제하고
작은 공간을 온누리로 만드니까.
대양의 발견자들은 새로운 세계로 가게 하고
지도는 다른 사람들에게 이 세계 저 세계를 보여주도록 내버려두고,

우리는 하나의 세계를 가지자. 각자가 자기 세계를 가지되
하나인 세계를.

내 얼굴은 너의 눈 속에, 너의 얼굴은 내 눈 속에 비친다.
진실하고 순수한 마음은 얼굴에 나타나는 법.
어디에서 우리보다 나은 두 반구를 찾을 수 있을까?
차가운 북극과 해지는 서쪽이 없는.
사멸하는 것은 무엇이든 고르지 않게 섞인 것.
우리 둘의 사랑이 하나라면, 즉 너와 내가
똑같이 사랑하여 어느 쪽으로도 기울지 않으면, 둘 다 영원
히 살게 될거야.

3 작품분석

이 시의 화자는 사랑하는 연인과의 정신적인 사랑으로 자신들의 영혼이 비로소 잠에서 깨어났다고 생각한다. 작품의 제목 "The Good-Morrow"는 그렇게 잠에서 깨어나게 된 자신들의 영혼에게 아침인사를 하자는 말이다.

첫 연에서는 자신들이 현재의 사랑을 하기 전까지 살아왔던 삶을 부정적으로 얘기한다. '젖을 못 떼고 있었다,' '유치하다,' '촌스럽다' 등의 표현은 자신들이 사랑하기 전까지는 성숙하지 못한 어린애 같은 삶을 살고 있었다는 말이다. 특히 '쾌락을 빨고 있었다'는 말은 그 전에 했던 사랑은 단지 육체적인 사랑에 불과했다는 것이다. 또한 '코를 골고 있었다'는 것은 자신들의 영혼이 잠자는 상태나 다름이 없었다는 말이다. 그는 자신들의 영혼이 하는 현재의 사랑이 아니면 모든 기쁨은 헛된 환상에 불과하며, 자신이 그 전에 상상했던 사랑의 대상은

현재 자기 연인의 그림자 같은 것이라고 말한다. 말하자면 현재의 사랑만이 실체가 있는 진정한 사랑이라는 것이다.

둘째 연에서는 과거의 삶이 아닌 현재의 사랑에 초점을 맞추어 얘기한다. 이제 두 사람의 영혼이 깨어났으니 그 영혼들에게 아침인사를 하자고 한다. 또한 두 영혼은 서로를 지켜보지만 그것은 두려움 때문이 아니라고 말한다. 왜냐하면 두 사람이 사랑을 하게 되면 그 밖의 다른 것들은 눈에 들어오지 않기 때문이다. 또한 두 사람이 이루는 결합은 하나의 자기충족적인 세계를 만든다고 말한다. 사랑은 두 사람이 공유하는 '작은 공간을 온누리로 만들기 때문이다.' 그래서 탐험가들이 새로운 대양과 대륙들을 계속 발견하여 지도가 새롭게 그려진다고 해도 그것은 자신들의 관심사가 아니라고 한다. 자기들의 완전하고 황홀한 세계가 따로 있기 때문이다. 그 세계는 둘이면서도 하나이다. 두 사람은 각기 자신들의 세계를 가지고 있지만, 둘이 사랑함으로써 함께 하나의 새로운 세계를 만들기 때문이다.

셋째 연에서는 두 사람의 완전한 사랑이 표현되어 있다. 자신의 얼굴은 연인의 눈 속에, 연인의 얼굴은 자신의 눈 속에 비친다는 말은 두 사람이 정신적으로 완전히 하나가 되었고, 두 사람에게는 서로 상대방밖에 없는 상태가 되었음을 말해 준다. 두 사람은 이제 각각 하나의 반구(半球, hemisphere)처럼 둘이 합침으로써 하나의 구(球)를 이룬다. 구는 완전성의 상징으로, 둘이 합쳐 완전한 하나의 새로운 천체를 만들었음을 말한다. 우주의 모든 천체에는 동서남북이 있고, 그 위치나 방향에 따라 반드시 단점이 있게 마련이다. 그러나 실제의 천체가 아닌 두 사람의 사랑이 만드는 이 정신적인 새로운 천체는 '차가운 북극과 해지는 서쪽이 없는' 완전한 세계이다.

이 시의 마지막 부분에서는 스콜라철학을 이용하여 두 사람의 사랑의 미래에 대한 희망을 덧붙이고 있다. 스콜라철학자들은 물질을 구성하는 요소가 불완전하게 섞이면 그 물질은 반드시 변하고 사멸하지만, 완전히 섞이면 불변하고 사멸하지 않는다고 생각했다. 이 시에서는 스콜라철학을 일부 이용하고 일부 변형하여, 두 사람의 불멸을 바라고 있다. 화자는 '사멸하는 것은 불완전하게 섞인 것'이라는 말 대신, 이를 조금 바꿔 '사멸하는 것은 무엇이든 고르지 않게 섞인 것'이라고 말한다. 말하자면 두 사람이 똑같이 사랑하자는 것이다. 그렇게 둘이 '똑같이 사랑하여 어느 쪽으로도 기울지 않으면, 둘 다 영원히 살 것'이라고 생각하기 때문이다.

4 A Valediction : Forbidding Mourning

As virtuous men pass mildly away,
  And whisper to their souls to go,
Whilst some of their sad friends do say
  The breath goes now, and some say, No :

So let us melt, and make no noise,
  No tear-floods, nor sigh-tempests move;
'Twere profanation of our joys
  To tell the laity our love.

Moving of th' earth brings harms and fears,
  Men reckon what it did, and meant;
But trepidation of the spheres,
  Though greater far, is innocent.

Dull sublunary lovers' love
  (Whose soul is sense) cannot admit
Absence, because it doth remove

Those things which elemented it.

But we by a love so much refined,
That our selves know not what it is,
Inter-assuréd of the mind,
Care less, eyes, lips, and hands to miss.

Our two souls therefore, which are one,
Though I must go, endure not yet
A breach, but an expansion,
Like gold to airy thinness beat.

If they be two, they are two so
As stiff twin compasses are two;
Thy soul, the fixed foot, makes no show
To move, but doth, if th' other do.

And though it in the center sit,
Yet when the other far doth roam,
It leans and hearkens after it,
And grows erect, as that comes home.

Such wilt thou be to me, who must,
Like th' other foot, obliquely run;
Thy firmness makes my circle just,
And makes me end where I begun.

주석

0] valediction: an utterance of bidding farewell(고별사).
1] pass away: die.
5] let us melt: 조용히 행동하자.
6] tear-floods, sigh-tempests: 페트라르카풍의 과장된 비유에 대한 일종의 패러디. 대륙여행을 떠나는 Donne의 항해와 관계 있는 이미지들.
move: promote(촉진하다, 일으키다).
7] 'Twere: It were; It would be.

profanation: desecration, defilement, debasement(신성모독, 더럽힘, 가치를 떨어뜨림).
8] laity: laymen(평신도, 비전문가).
9] Moving of th' earth: earthquake. 지진은 파괴적이면서 동시에 불길한 징조로 여겨졌다.
10] what it did, and meant: 앞 행의 'harms and fears'에 각각 연관되는 표현. 지진의 피해와 지진이 예견하는 징조.
11] trepidation of the spheres: 천체의 진동. 실제로는 지축이 진동하는 것으로서, 프톨레마이오스(Ptolemy) 천문학에서 세차운동을 설명하기 위해 도입한 관념. 천체의 진동은 인간에게 피해가 없는 것으로 생각되었다.
12] innocent: causes no harms and fears.
13] sublunary: beneath the moon; mundane; earthly. 중세시대에는 달 아래 있는 것은 그 영향을 받아 변화를 겪게 된다고 믿었다. 차고 기우는 달은 흔히 변화의 상징으로 쓰인다.
14] soul: essence(정수, 본질).
sense: sensuality.
15] it: 'absence'를 가리킴.
16] elemented: composed.
18] it: 제15행의 'absence'를 가리킴.
20] Care less: do not care.
24] gold: 순수함과 불변의 상징.
35] circle: 원은 완성, 완전성의 상징.

고결한 사람들은 조용히 죽어가면서
　자신들의 영혼에게 가자고 속삭입니다,
슬퍼하는 몇몇 친구들은 지금 숨이 떨어진다고 말하고,
　또 어떤 친구들은 그렇지 않다고 말하는 동안.

그렇게 우리도 녹아서 아무 소리도 내지 말고,
　눈물의 홍수도, 한숨의 폭풍우도 일으키지 맙시다.
속인들에게 우리 사랑을 알리는 것은
　우리의 기쁨을 모독하는 것이오.

지진은 재해와 공포를 일으키고

사람들은 그 피해와 의미를 따집니다.
그러나 천체의 진동은
훨씬 크다 해도, 해가 없지요.

지상의 우둔한 연인들의 사랑은
(그 본질은 감각이므로) 이별을
받아들이지 못하오. 왜냐하면 이별은
그 사랑을 이루고 있는 것들을 없애버리니까요.

그러나 사랑에 의해 순화된
우리 자신은 이별이 무엇인지 모르며,
서로의 마음을 믿기 때문에
두 눈과 입술과 손이 멀리 떨어져도 상관치 않지요.

그러므로 하나인 우리 두 영혼은
비록 내가 떠나도
단절되지 않고 팽창하지요
두들겨져서 공기처럼 얇게 늘어나는 금처럼.

만일 우리 두 영혼이 둘이라면, 마치
컴퍼스의 뻣뻣한 다리가 둘이듯 그렇게 둘이오.
당신의 영혼은 고정된 다리로서 움직이려고 들지 않지만,
다른 다리가 움직이면 따라 움직이지요.

고정된 다리는 중심에 위치하지만
다른 다리가 멀리 돌면
다른 다리 쪽으로 몸을 기울이고 귀를 기울이며,

다른 다리가 원점으로 오면 바로 서지요.
당신도 이와 같을 것입니다, 다른 다리처럼
비스듬하게 달려야 하는 나에게는.
당신이 흔들리지 않으면 나는 원을 정확히 그릴 수 있고
내가 출발한 곳으로 다시 돌아올 수 있지요.

5 작품분석

이 시는 1612년 유럽 대륙으로 여행을 떠날 때 여러 가지 불길한 예감을 갖고 있었던 Donne이 자기 부인에게 쓴 작품으로 알려져 있다. 불행하게도 Donne의 예감대로 그가 유럽에 있는 동안 아내는 유산을 했다.

아홉 개의 연으로 된 이 작품은 크게 두 부분으로 나눌 수 있다. 전반부 제1-5연은 여러 가지 비유를 통해 두 사람의 정신적인 사랑, 영혼의 사랑을 일반 속인들의 육체적인 사랑에 대비시키고 있다. 후반부 제6-9연은 금박과 컴퍼스의 비유를 통해 두 사람의 정신적인 사랑의 특성을 표현하고 있다.

첫 연에서 화자는 자신들이 잠시 동안 떨어져 있는 일로 해서 남이 알 정도로 시끄럽게 굴지 말자는 뜻으로 고결한 사람들이 죽음을 순순히 받아들이고 조용히 세상을 떠나가는 모습을 묘사하고 있다. 고결한 사람들은 조용히 죽음을 맞이하기 때문에 가까운 친구들조차 그들이 진짜 죽어가고 있는지 그렇지 않은지 알 수 없듯, 화자도 아내에게 조용히 헤어지자고 말한다.

둘째 연에서 화자는 헤어진다고 해서 홍수 같은 눈물을 흘리거나 폭풍우 같은 한숨을 쉼으로써 '속인'(俗人, laity)들이 자기네들의 사랑

을 알도록 만드는 것은 그 사랑에 대한 '신성모독'(profanation)이 된다고 말한다. 여기에서 '속인'이나 '신성모독'이라는 말을 쓰는 것은 자기들의 사랑이 기본적으로 신성한 사랑, 종교적인 사랑이라는 뜻이다.

셋째 연에서는 두 사람의 정신적인 사랑과 세상 사람들의 육체적인 사랑을 각각 천체의 진동과 지진에 비유하고 있다. 지진은 인간에게 피해를 가져오고 공포심을 주지만, 천체의 진동은 훨씬 큼에도 불구하고 아무런 해가 없다고 말한다. 말하자면 세상 사람들의 소소한 사랑은 당사자 모두에게 피해와 고통을 주는데 반해, 자신들의 정신적 사랑은 훨씬 큰 사랑이지만 둘 모두에게 아무런 피해도 고통도 주지 않는다는 것이다.

넷째 연에서는 자신들의 사랑과 대비되는 세상 사람들의 사랑이 가지는 특성을 묘사한다. 우둔한 달 아래 있는 연인들('Dull sublunary lovers'), 즉 지상에 있는 연인들의 사랑은 이별을 받아들이지 못한다고 한다. 왜냐하면 '그 본질은 감각'이므로 이별이 그 사랑을 이루어주는 연인 사이의 감각적인 접촉을 할 수 없도록 만들기 때문이다. 이에 반해 화자가 하는 사랑은 천상적 사랑, 세련된 사랑이며, 자신들의 사랑의 본질은 감각이 아닌 시간적 공간적 제약을 초월한 정신과 영혼이기 때문에 잠시 떨어져 있다고 해서 그 사랑에 문제가 생기는 것은 아니라는 말이다.

다섯째 연에서는 그들이 사랑으로 아주 순화되어 있기 때문에 이별을 모른다고 말한다. 이 세상 사람들의 사랑은 두 연인의 눈과 입술과 손에 의한 육체적, 감각적 접촉을 하지 못하면 반드시 문제가 생기지만, 자신들에게는 그런 육체적인 거리란 전혀 중요하지 않다는 것이다. 두 사람의 몸은 떨어져 있어도 영혼은 연결되어 있기 때문이다.

후반부의 첫 부분인 여섯째 연에서는 공간을 뛰어넘어 서로 연결되어 있는 두 사람의 사랑이 한 없이 길게 늘어나는 금의 이미지로 표현되어 있다. 이것은 형이상학파 시인들의 중요한 특징 중의 하나인 기발한 비유(conceit)를 잘 보여 준다. 불변성의 상징인 순금은 두들겨 펴면 공기처럼 한 없이 얇게 늘어나는 성질을 가지고 있다. 자신들의 사랑도 순금 같아서 두 사람이 떨어져도 '단절되지 않고 팽창한다'고 말한다. 두 사람은 헤어져도 끊어지지 않고 영혼으로 연결되어 있다는 것이다.

후반부의 둘째 부분을 이루고 있는 일곱 째 연부터 마지막 아홉째 연까지는 컴퍼스의 비유가 나타난다. 전통적으로 사랑과 같은 달콤한 감정은 아름다운 꽃이나 향기, 꿀 같은 사물을 통해 표현되어 왔다. 그러나 Donne은 사랑하는 두 사람의 영혼을 컴퍼스의 두 다리에 비유하고 있다. 뾰족한 끝이 있는 딱딱한 금속성 기구인 컴퍼스와 인간의 아름다운 사랑은 어울려 보이지 않는다. 그러나 Donne은 이 이질적인 것들 사이의 기묘한 유사점을 발견하여 이들을 연결시키는 놀라운 상상력을 보여 준다. 이것이 바로 앞 연에 나온 금박의 비유와 같은 형이상학파 시인들이 즐겨 썼던 기발한 비유이다.

일곱째 연에서는 두 사람의 영혼이 서로 한 없이 연결되어 있으므로 하나이지만, 만일 둘이라고 한다면, 그것은 '마치 / 컴퍼스의 뻣뻣한 다리가 둘이듯 그렇게 둘'이라도 말한다. 컴퍼스의 두 다리는 별개로 독립된 것이 아니고 함께 붙어 있어야 제 기능을 할 수 있듯, 자신들의 영혼도 마찬가지로 하나이며 함께 함으로써 제대로 된 삶을 살 수 있다. 또 컴퍼스의 바깥 다리가 원을 그리며 돌면 가운데 고정된 다리는 제자리에서 함께 돌 듯, 자기 아내의 영혼은 '고정된 다리로서 움직이려고 들지 않지만, / 다른 다리가 움직이면 따라 움직인다'고 말한다. 이는 부부가 서로 호응하고 화답하는 모습을 비유적으로 보여 준다.

여덟째 연에서는 컴퍼스의 '고정된 다리는 중심에 위치하지만 / 다른 다리가 멀리 돌면 / 다른 다리 쪽으로 몸을 기울이고 귀를 기울인다'고 말하며 두 사람의 긴밀한 관계를 표현하고 있다. 특히 여기에서 '다른 다리가 멀리 돈다'는 표현은 Donne의 해외여행을 암시하는 말이며, 그런 점에서 보면 고정된 다리가 중심에 위치한다는 말은 그의 아내가 국내에 머물러 있다는 말이 된다. 따라서 '다른 다리가 원점으로 온다'는 말은 자신이 해외여행을 마치고 떠났던 집으로 돌아온다는 뜻이 된다.

마지막 아홉째 연에서도 둘의 관계가 이와 같음이 다시 반복된다. 컴퍼스의 고정된 다리가 흔들리면 원이 정확하게 그려지지 않고 시작한 지점과 끝나는 지점이 맞지 않게 된다. 마치 컴퍼스의 고정된 다리가 흔들리지 않고 제 자리에 있어야 원을 정확히 그릴 수 있듯, 아내의 흔들리지 않음이 자기의 원을 정확히 그리도록 만들며 자기가 출발한 곳에 다시 돌아올 수 있게 할 수 있다는 것이다. 여기에서 고정된 다리인 아내가 흔들리지 않아야 한다는 말은 남편이 해외여행을 떠난다고 해서 너무 힘들어하거나 괴로워하지 말고 마음을 단단히 먹으라는 뜻으로 보이면서도, 또 한편으로는 그야말로 남편 없는 사이에 바람을 피워서는 안 된다는 뜻으로도 얼핏 읽힌다. 아내가 조신하게 지조를 지키고 있어야 해외여행을 갔던 남편이 제자리로 제대로 돌아올 수 있다는 것이다. 그동안 아내가 혹시 바람을 피거나 다른 남자와 눈이라도 맞아서 달아난다면, 남편은 원래의 자리로 돌아올 수 없는 것은 당연한 일이다. 해외여행을 떠나며 둘의 끈끈한 관계를 확인시키면서 국내에 남아 있을 아내를 위로하고 격려하기 위해 쓰기 시작했던 이 시는 이런 기발한 비유들로 해서 복합적인 뜻을 함축하고 있다.

6 Death, Be Not Proud from *Holy Sonnets*

Death, be not proud, though some have callèd thee
Mighty and dreadful, for thou art not so;
For those whom thou think'st thou dost overthrow
Die not, poor Death, nor yet canst thou kill me.
From rest and sleep, which but thy pictures be,
Much pleasure : then from thee much more must flow,
And soonest our best men with thee do go,
Rest of their bones, and soul's delivery.
Thou art slave to fate, chance, kings, and desperate men,
And dost with poison, war, and sickness dwell,
And poppy or charms can make us sleep as well
And better than thy stroke; why swell'st thou then?
One short sleep past, we wake eternally
And death shall be no more; Death, thou shalt die.

주석

5-6] From rest and sleep … flow: If we derive pleasure from rest and sleep, which are only images of death, how more should we get from death itself(죽음의 그림자에 불과한 휴식과 잠에서 즐거움을 얻을 수 있다면, 죽음 자체에서는 틀림없이 더 많은 즐거움을 얻을 수 있을 것이다).

7] soonest our best men with thee do go: 'the good die without fuss'(훌륭한 사람들은 죽음을 고이 받아들인다)의 뜻.

8] Rest of their bones, and soul's delivery: to find rest for their bones and freedom for their souls(육신의 안식과 영혼의 해방(을 찾아)).

12] stroke: 'caress'(쓰다듬음)과 'blow'(타격)라는 두 가지 뜻을 가진다.

why swell'st thou then?: why do you puff with pride then?(그런데도 왜 자랑하는가?).

14] death shall be no more; Death, thou shalt die: 성경, 「이사야서」 제25장 8절: 'He will swallow up death in victory'(그

가 승리하여 사망을 멸하실 것이라); 「고린도전서」 제15장 25-26절: 'For he must reign, till he hath put all enemies under his feet. The last enemy that shall be destroyed is death'(주께서 모든 원수를 자기 발 아래 두실 때까지 통치하셔야 하리니 멸망 받게 될 마지막 원수는 사망이라), 54-55절: 'So when this corruptible shall have put on incorruption, and this mortal shall have put on immortality, then shall be brought to pass the saying that is written, Death is swallowed up in victory. O death, where is thy sting? O grave, where is thy victory?'(이 썩을 것이 썩지 아니함을 입고 이 죽을 것이 죽지 아니함을 입을 때에는 사망을 삼키고 이기리라고 기록된 말씀이 이루어지리라 사망아 너의 승리가 어디 있느냐 사망아 네가 쏘는 것이 어디 있느냐) 등 참조.

죽음이여 뽐내지 말라, 어떤 사람들이 너를
강하고 무섭다고 말하지만, 실상 그렇지 않으니까.
네가 쓰러뜨린 줄 아는 사람들은
죽지 않으며, 불쌍한 죽음이여, 또한 나도 죽일 수 없으니.
너의 그림자에 불과한 휴식과 잠에서 많은 즐거움을
얻을 수 있다면, 너에게서는 즐거움이 더하리.
그리고 훌륭한 인간들은 기꺼이 너와 함께 간다,
육신의 안식과 영혼의 해방을 찾아서.
너는 운명, 우연, 왕들, 무모한 사람들의 노예이며
독약, 전쟁, 질병과 함께 산다.
아편이나 마법은 네가 쓰다듬는 것만큼, 뿐만 아니라 더 잘
우리를 잠들게 만들 수 있다. 그러니 어째서 뽐내느냐?
짧은 잠을 자고 나면, 우리는 영원히 깨어나고
죽음은 더 이상 없으리라. 죽음이여, 네가 죽으리라.

7 작품분석

이 시의 주제는 시의 맨 첫머리를 딴 제목에서부터 잘 드러난다. 화자는 죽음이라는 현상을 의인화시켜 부르면서 뽐내지 말라고 말한다. 시 나머지 부분은 왜 죽음이 뽐내서는 안 되는지를 설명하는데 주어진다. 죽음을 '강하고 무섭다'고 말하는 것은 일부 사람들뿐만 아니다. 어떤 사람도 물리칠 수 없이 강하기 때문에 그 무엇보다 무서운 것이 바로 죽음이다. 그럼에도 불구하고 죽음이 쓰러뜨렸다고 생각하는 사람들은 죽지 않았고 자신도 죽지 않을 거라는 것이다. 그러나 시의 첫 quatrain(제1-4행)에서는 아직 왜 화자가 그렇게 죽음 앞에 당당한지 알 수가 없다.

둘째 quatrain(제5-8행)에서는 죽음이 오히려 즐거움과 해방을 준다고 말한다. 인간이 일생을 마치고 맞게 되는 죽음은 흔히 인간이 하루의 생활을 마치고 휴식을 위해 자는 잠에 비유된다. 하루는 일생의, 잠은 죽음의, 꿈은 내세의 축소판 혹은 그림자가 되는 셈이다. 그림자에 불과한 휴식과 잠을 통해 인간의 몸이 개운해지고 상쾌해진다면, 죽음을 통해서는 더욱 그러할 것이라는 말이다. 또 훌륭한 인간들은 죽음을 담담히 받아들이는데, 그 이유는 일생동안 힘들게 움직였던 육신이 비로소 안식을 얻고, 영혼은 육신으로부터 자유로워지기 때문이다.

셋째 quatrain(제9-12행)에서는 죽음이 주체적 행위자가 아니라 한갓 노예에 불과하다고 말한다. 인간은 운명과 우연한 사고에 의해, 혹은 백성의 죽음을 좌지우지할 수 있는 왕의 명령이나, 자살 등으로 죽음을 맞게 된다. 그러므로 죽음은 이런 것들의 작용에 따라 불려 다니는 시종에 불과한 셈이다. 또한 독약이나 전쟁, 질병 등이 죽음을 가져오기 때문에 죽음은 언제나 이런 좋지 않은 것들과 함께 있다. 또 아편이나 마법은 죽음만큼, 혹은 그보다 더 잘 인간을 잠들게 할 수 있다고 말한다. 이런 이유들로 해서 죽음은 뽐낼 수가 없다.

그러나 죽음이 뽐낼 수 없는 가장 중대한 이유는 마지막 두 행의 결구에서 드러난다. 인간의 육신의 죽음은 짧은 잠과 같은 것으로서, 그 잠에서 깨어나면 우리의 영혼은 영원히 살게 된다. 그래서 마지막 부분의 '죽음이여, 네가 죽으리라'는 역설(paradox)이 성립된다.

인간의 일생은 끊임없이 죽음과 만나는 과정이며, 따라서 늘 죽음의 공포와 함께 하다가 결국 죽음으로 끝을 맺는다. 그러나 이 시는 죽음이 인간의 최종적인 끝이 아니라고 말한다. 인간의 육신은 죽어도 영혼은 살아 있기 때문이다. 그러므로 이 시는 기독교적인 관점에서 볼 때 부활에 대한 믿음을 표현한 것으로 볼 수 있다.

8 Batter My Heart

Batter my heart, three-personed God; for you
As yet but knock, breathe, shine, and seek to mend;
That I may rise and stand, o'erthrow me, and bend
Your force to break, blow, burn, and make me new.
I, like an usurped town, to another due,
Labor to admit you, but O, to no end;
Reason, your viceroy in me, me should defend,
But is captived, and proves weak or untrue.
Yet dearly I love you, and would be loved fain,
But am betrothed unto your enemy.
Divorce me, untie or break that knot again;
Take me to you, imprison me, for I,
Except you enthrall me, never shall be free,
Nor ever chaste, except you ravish me.

주석

1] three-personed God: 삼위일체(三位一體) 하느님(the Trinity).
5] to another due: 다른 자에게 매여, 다른 자의 소유가 되어. 즉 악마에게 사로잡혀.
6] to no end: in vain.
9] fain: willingly, gladly.
13] enthrall: enslave(노예로 삼다).
14] except: unless.
ravish: rape (a woman).

내 심장을 때려 부수소서. 삼위일체의 신이시여. 당신은
아직도 그저 두드리고 입김을 불고 빛을 비추어 고치려고만 하시니까요.
내가 일어나 설 수 있도록 나를 쓰러뜨리시고, 당신의 힘으로써
나를 부수고 풀무질하고 태워서 새롭게 만드소서.
나는 정복당한 도시처럼 다른 자의 소유가 되어
당신을 받아들이려고 애쓰지만, 아, 헛일입니다.
내 안에 있는 당신의 총독인 이성은 나를 지켜줘야 했는데
포로가 되어 약하고 진실치 못함이 드러났습니다.
나는 진심으로 당신을 사랑하고 기꺼이 사랑받고 싶지만
당신의 원수에게 약혼한 몸이 되었습니다.
나를 파혼시키시어 그 매듭을 다시 풀고 깨뜨려주소서.
나를 당신에게 데려가 가두소서. 왜냐하면 나는
당신이 노예로 삼지 않으시면 결코 자유로울 수 없고
당신이 겁탈하지 않으면 결코 순결할 수 없기 때문입니다.

9 작품분석

이 소네트의 시작은 매우 충격적이다. 시인은 대뜸 하느님에게 자신의 심장을 부숴달라고 요청한다. 부순다는 말로 보아 자신의 심장을 근육질이 아닌 부수어질 수 있는 뭔가 딱딱한 것에 비유하고 있는 것으로 보인다. 이어지는 시행을 보면 자신을 쇠로 된 연장 같은 것으로 생각하고 있음을 알 수 있다. 하느님은 여태까지 자신을 '두드리고 입김을 불고 빛을 비추어 고치려고만' 하셨지만, 이제는 자신을 '부수고 풀무질하고 태워서 새롭게' 만들어 주시기를 바라고 있다. 그는 하느님에게 자신을 부분적으로 땜질해서 고치지 말고, 아예 자신을 부수고 녹여 새로운 연장으로 만들어 달라고 말한다.

첫 quatrain(제1-4행)에서 시인이 자신을 망가진 연장 혹은 도구로 비유했다면, 두 번째 quatrain(제5-8행)에서는 정복당한 도시로 비유하고 있다. 이 시를 기독교적인 관점에서 읽는다면 그를 정복한 자는 아마 죄악이나 사탄 같은 것이 될 것이다. 특히 하느님의 총독 혹은 대리자라고 할 수 있는 그의 이성은 자신을 죄악으로부터 막아주기는커녕 도리어 포로가 되어 버려 '약하고 진실치 못함이 드러났다'고 한다.

이 소네트의 후반부 sestet(제9-14행)에서는 시인 자신이 원수와 약혼한 여인으로 표현된다. 물론 이때의 원수란, 앞에 나온 죄악이나 사탄 같은 존재일 것이다. 그는 하느님에게 그 약혼의 매듭을 풀고, 자신을 데려가서 가두어 달라고 간청한다. 그 이유는 하느님의 노예가 되지 않으면 자유로울 수 없고, 하느님에게 겁탈당하지 않으면 순결할 수 없기 때문이라고 말한다. 이 시의 제3행에 나오는 '내가 일어나 설 수 있도록 나를 쓰러뜨리시고'라는 표현이 그렇듯이 마지막 두 행 역시 일종의 역설(paradox)이다. 하느님에게 예속되어야 진정한 자유를 누릴 수 있으며, 하느님의 사람이 되어야 자신의 순수성을 지킬 수 있다는 뜻이다. 이처럼 이 시는 마지막 부분에서도 매우 충격적이며 역설적인 비유를 통하여 기독교적인 신앙을 표현하고 있다. 형이상학파 시인들이 보여준 기발한 비유가 잘 드러나는 작품이라 할 수 있다.

Ben Jonson
(1572–1637)

1 작가의 생애와 작품경향

Ben Jonson은 마치 여러 사람을 합쳐 놓은 것처럼 극작가, 배우, 시인, 비평가, 학자, 번역가 등 다방면에서 폭넓은 활동을 한 사람이었다. 태어나기 한 달 전에 성직자였던 아버지가 세상을 떠나고, 벽돌공인 의붓아버지 밑에서 성장했다. 20대초에 군인으로 네덜란드에 갔다가 귀국 후 극단배우, 연출가, 극작가로 활약했다.

그는 26세 때 첫 극작품 *Every Man in His Humour*(십인십색, 1598)를 무대에 올렸는데, Shakespeare가 이 극에서 주연을 맡았다. 이 당

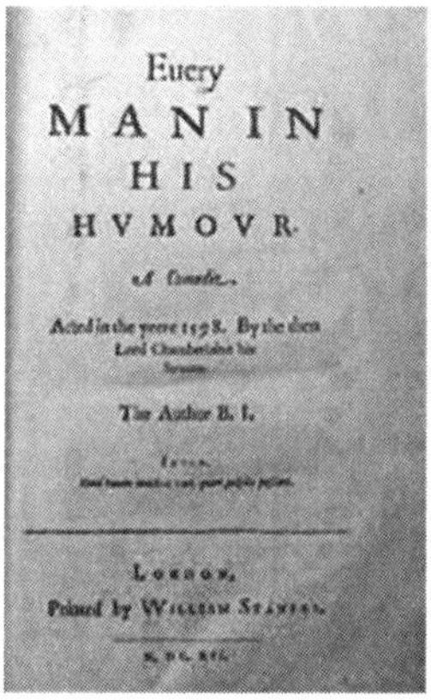

Euery
MAN IN
HIS
HVMOVR.
Acted in the yeere 1598. By the then
The Author B. I.
LONDON,
Printed by WILLIAM STANSBY.

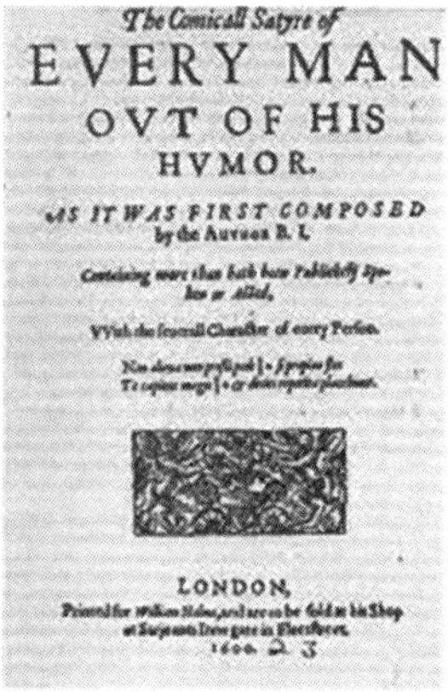

The Comicall Satyre of
EVERY MAN
OVT OF HIS
HVMOR.
AS IT WAS FIRST COMPOSED
by the Avthor B. I.
LONDON,
1600.

시 그는 결투를 하다가 사람을 죽여 투옥되었으나 사제의 도움으로 사형을 면하고 재산을 몰수당하고 손가락에 낙인이 찍힌 후 석방되었다. 다음 해에는 *Every Man Out of His Humour*(모두 기분이 언짢아, 1599)를 공연했는데, 인간의 기질(humour)을 과장한 인물들이 등장하는 이런 극작품들은 17세기 초에 영국에서 유행했던 양식으로 '기질희극'(comedy of humours)이라고 부른다.

그밖에 Jonson은 *Volpone*(볼포네, 1606), *The Alchemist*(연금술사, 1610) 등 인간의 동물적 욕망과 위선, 어리석음을 조롱하는 풍자적 희극들도 발표했고, 가면극 작가로 James 1세의 궁정에서 큰 인기를 얻었다. Charles 1세 치하에서는 계관시인으로 임명되어 왕으로부터 많은 연금과 술을 매년 지급 받아 풍족하게 살았으며, 죽을 때까지 정력적인 활동을 했다. 영국시단에서 최초로 문벌을 형성한 사람으로 알려져 있다.

2 Song : To Celia

Drink to me only with thine eyes,
And I will pledge with mine;
Or leave a kiss but in the cup,
And I'll not look for wine.
The thirst that from the soul doth rise,
Doth ask a drink divine :
But might I of Jove's nectar sup,
I would not change for thine.

I sent thee late a rosy wreath,
Not so much honoring thee,
As giving it a hope, that there
It could not withered be.
But thou thereon did'st only breathe,

And sent'st it back to me;
Since when it grows and smells, I swear,
Not of itself, but thee.

주석

1] Drink to me: 내게 건배해 주오.
Philostratus, *Love Letters* XXIV 참조: 'Drink to me with thine eyes only. Or, if thou wilt, putting the cup to thy lips, fill it with kisses, and so bestow it upon me.'
thine eyes: thy eyes, your eyes.
2] pledge: drink a toast(건배하다).
6] drink divine: divine drink(신성한 술), 신주(神酒), 넥타(nectar).
7] might I of Jove's nectar sup: even if I might sup (of) Jove's nectar. 내가 주피터의 신주를 마신다한들. Jove: Jupiter.
8] change: exchange.
10] late: lately(최근에).
11] there: on thee(그대 곁에 있으면).
15] since when: since then.
9-12] Philostratus, *Love Letters* XXX 참조: 'I sent thee a rosy wreath, not so much honouring thee (though this also is in my thoughts) as bestowing favour upon the roses, that so they might not be withered.'
13-16] Philostratus, *Love Letters* XXXI 참조: 'If thou wouldst do a kindness to thy lover, send back the reliques of the roses I gave thee, no longer smelling of themselves only, but of thee.'
15] smells … / Not of itself, but thee. 그것 자체(장미)의 향기가 아니라 당신의 향기를 풍긴다.

내게 건배해 주오, 오직 그대의 눈으로만.
그러면 나도 내 눈으로 건배하리다.
아니면, 키스를 남겨주오, 오직 술잔에만.
그러면 나는 술을 찾지 않으리다.
영혼에서 솟아나는 갈증은
신성한 음료를 찾지만,
내가 주피터의 신주(神酒)를 마신다 해도
그대의 술잔과는 바꾸지 않을 것이오.

최근에 나는 그대에게 장미 꽃다발을 보냈소.
그대를 영예롭게 하기보다는
그대 품에 있으면 장미가 시들지 않을 것이라는
희망을 걸었기 때문이라오.
그러나 그대는 단지 냄새만 맡고는
내게 되돌려 보냈지요.
그 이후로, 맹세컨대, 장미는 자라면서 향기를 풍기고 있소,
장미 향기가 아니라 당신의 향기를.

Drink to Me Only With Thine Eyes

Ben Jonson — *Old English Air*

3 작품분석

이 시는 3세기 그리스의 소피스트 중의 하나인 Philostratus의 산문 작품 *Love Letters*의 여러 구절을 따서 만든 작품으로, Jonson의 시집 *The Forest*에 실린 것이다. 짜깁기된 작품임에도 불구하고 Jonson은 이 시를 아주 세련된 작품으로 만들었고, 당시의 무명 작곡가가 이 시에 곡을 붙인 이래로 모차르트를 포함한 많은 작곡자들이 이를 편곡함으로써 노래로 유행되기도 했다.

작품 전체는 두 연으로 구성되어 있는데, 첫 연에서는 술이, 둘째 연에서는 꽃다발이 주요한 소재로 등장한다. 첫 연에서 시의 화자는 서로의 눈길로 사랑의 건배를 하자고 한다. 아니면 술잔에 키스를 남겨 달라고 한다. 그러면 다른 술을 찾지 않겠노라고. 그가 느끼는 사랑의 갈증은 육체적인 것이 아니라 영혼에서 솟구치는 것이기 때문에 신성한 술이 있어야 그 갈증을 풀 수가 있다. 그러나 신의 술을 준다고 해도 여인의 키스가 묻어 있는 그 술잔과 바꾸지 않겠다고 말한다.

둘째 연에서는 그가 최근에 여인에게 장미 꽃다발을 보냈는데, 그것은 그녀를 영예롭게 하기 위함은 아니라고 한다. 장미 꽃다발로는 그녀의 아름다움에 대해 제대로 경의를 표할 수 없기 때문일 것이다. 장미 꽃다발이 그녀 품에 있으면 시들지 않으리라는 희망을 가진 것은 그녀를 생명의 원천으로 생각하고 있는 것이다. 여인은 장미 꽃다발을 되돌려 보내지만 그녀에게 갔다가 되돌아온 장미 꽃다발은 시들지 않고 자라며 그녀의 향기를 풍기고 있다고 한다. 여인이 꽃다발을 되돌려 보낸 것은 분명히 사랑을 거절한다는 의미이다. 그러나 그는 그 사실을 받아들이지 못한 채, 장미꽃이 계속 살아있다고 믿고 있다. 이것은 자신을 위로하기 위한 일종의 환상, 자기기망일 뿐이다.

각 연의 시제에 주목하면 전체적인 상황은 명확해진다. 첫 연은 현재형, 둘째 연은 과거로 되어 있으니, 시간적인 순서를 따르자면 둘째 연 다음에 첫째 연이 오는 것이 자연스럽다. 그렇게 연의 순서를 재배치하고 보면 시의 의미가 달라진다. 말하자면, 최근에 그가 여인에게 꽃다발을 선물하여 사랑을 고백했지만 거절을 당한 일이 있다. 이렇게 거절당한 상황에서 이제 와서 여인에게 눈으로 건배해 달라느니, 술잔에 키스를 남겨달라느니 하는 요청은 할 수도 없을뿐더러 이런 생각 자체도 허망한 일이 된다. 이런 식으로 시를 재배치하면, 얼마 전에 사랑에 퇴짜를 맞은 남자가 지금 부질없이 여인에게 술잔으로 건배를 해보고 싶은 마음을 나타낸 것에 불과한 것이 된다.

그러나 이 작품에서처럼 현재의 상황을 첫 연에 두고 과거의 실패를 둘째 연에 배치하면 그 의미는 달라진다. 일단 독자들이 시를 처음 읽어내려 갈 때, 시의 화자와 여인의 사랑이 어떤 상황인지 알 수가 없다. 다만, 눈길로 하는 건배와 키스 묻은 술잔이라는 표현에서 정신적이며 동시에 감각적인 두 사람의 사랑만을 짐작할 따름이다. 물론 둘째 연에 가서야 그의 구애가 실패했음을 알게 되지만, 이 실패는 시 전체의 흐름상 후기처럼 붙을 뿐이다. 사랑을 거절당한 남자가 여인에게 술잔의 건배를 무모하게 요구하는 맥 빠진 시가 되느냐 혹은 사랑의 건배를 제안하는 남자가 나중에 알고 보니 그 여인에게 거절당한 적이 있다는 사실이 밝혀지는 시가 되느냐는 이렇듯 연의 배치에 따라 결정되게 된다. 연을 시간 순으로 배열할지, 시간을 거스르면서 배열할지는 그 효과를 고려한 시인의 역량에 따라 달라진다.

4 Come, My Celia

Come, my Celia, let us prove
While we may, the sports of love;
Time will not be ours forever;
He at length our good will sever.
Spend not then his gifts in vain.
Suns that set may rise again;
But if once we lose this light,
'Tis with us perpetual night.
Why should we defer our joys?
Fame and rumor are but toys.
Cannot we delude the eyes
Of a few poor household spies,
Or his easier ears beguile,
So removéd by our wile?
'Tis no sin love's fruit to steal;
But the sweet theft to reveal.
To be taken, to be seen,
These have crimes accounted been.

주석

1] prove: experience, try(즐기다, 맛보다).
2] sports: mirth, fun, amusement(환희, 즐거움, 유희).
4] He: Time.
at length: eventually, finally.
sever: separate, divide, dissolve(자르다, 갈라놓다, 해체시키다).
5] his: Time's.
9] defer: put off, delay, postpone(미루다, 지체하다).
13] his: 집안사람들 중의 하나.
15] 'Tis no sin love's fruit to steal: It is no sin to steal love's fruit.
18] These have crimes accounted been: These have been counted crimes.

자, 나의 실리아, 사랑의 유희를

즐길 수 있을 때 즐기자.

시간은 영원히 우리의 것은 아니며
결국에는 우리의 행복을 갈라놓으리니.
그러니 시간의 선물을 헛되이 낭비하지 말자.
지는 해는 다시 떠오르지만
만일 우리가 이 빛을 잃어버린다면
우리에게는 영원한 밤만 있을 것이니.
왜 우리의 즐거움을 미뤄야 하나?
명성과 소문은 장난감 같은 것.
우리는 속일 수 없을까,
몇몇 불쌍한 집안 스파이들의 눈을?
아니면 책략을 써서 한결 속기 쉬운 그 귀를 속여
우리들로부터 떼어낼 수는 없을까?
사랑의 열매를 훔치는 것은 죄가 아니지만,
그 달콤한 절도행위를 남에게 드러내고
훔치다 잡히고, 발각되는 것,
이런 것들은 죄로 여겨져 왔느니.

5 작품분석

이 시는 Jonson의 대표적 희곡 중의 하나인 *Volpone*(1605년 초연, 1607년 발행) 제3막 7장 (제166-183행)에 나오는 노래이다. 여기에서 Volpone는 뻔뻔스럽게 Celia에게 구애를 하지만 실패로 돌아간다.

이 작품은 둘이 몰래 사랑을 즐기자는 내용을 담고 있는 carpe diem의 주제를 가진 시이다. 그는 Celia에게 시간을 허비하지 말고 사랑의 기쁨을 함께 맛보자고 말한다. 시간은 영원히 그들의 것은 아니기 때

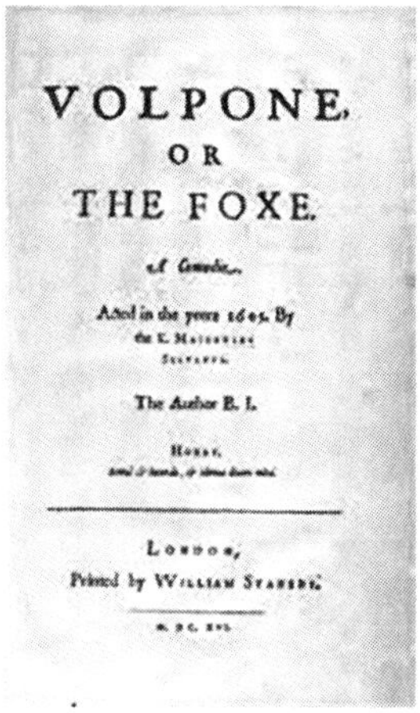
VOLPONE,
OR
THE FOXE.
A Comœdie.
Acted in the yeere 1605. By
the K. Maiesties
Servants.
The Author B. I.
LONDON,
Printed by William Stansby.

문에 시간을 최대로 활용해야 된다는 것이다. 시간은 자기들이 행복을 누리는 것을 결국 방해할 것이라고 말한다. 말하자면 사랑을 영원히 즐기지는 못하리라는 것이다. 그는 이것을 태양에 비유하여 태양은 다음 날에도 떠오르지만, 사랑은 그렇지 못하다고 말한다. 한번 저문 사랑은 다시 돌아오지 않기 때문이다. 그래서 그는 '만일 우리가 이 빛을 잃어버린다면/ 우리에게는 영원한 밤만 있을 것'이라고 얘기한다. 여기에서 말하는 '이 빛'이란 태양빛에 비견할만한 사랑의 열정, 젊음의 빛으로서, 인생이 이 빛을 한번 잃고 나면 그때는 노쇠와 질병, 죽음의 영원한 밤이 기다린다는 말이다.

그는 Celia에게 사랑의 기쁨을 미룰 이유가 없다고 하면서, '명성과 소문은 장난감'에 불과하다고 얘기한다. 세상 사람들의 평판이란 두 사람이 할 사랑에 비하면 하찮기 짝이 없는 장난감 같은 것이라는 말이다. 그는 자기네들의 연애사에 관심을 가지고 염탐하는 사람들의 눈과 귀를 속여서 멀리 떨어지게 할 수 있다고 하면서 그녀를 안심시키고 있다. 이 노래의 마지막 부분에서는 자기들이 즐길 사랑의 열매를 에덴동산의 금단의 열매에 비유하고 있다. 그러나 금단의 열매와는 달리 자신들이 사랑의 열매를 훔치는 것은 죄가 아니라고 말한다. 사랑한다고 해서 죄를 짓는 것은 아니니 두려워할 까닭이 없다는 것이다. 다만 그 달콤한 사랑의 열매를 훔치는 모습을 남에게 드러내거나 훔치다가 잡히거나 발각되는 것은 죄라고 말한다. 남몰래 들키지 않는 사랑을 하자, 쾌락을 즐기자는 수상한 제안이다.

Robert Herrick
(1591–1674)

1 작가의 생애와 작품경향

Herrick은 런던의 부유한 금세공업자의 일곱 번째 아들로 태어났다. 이듬 해 그의 아버지는 4층 창문에서 뛰어내려 자살했다. 1607년 16살의 나이에 그는 자기 삼촌의 도제(apprentice)로 들어가 금세공 일을 했다. Herrick은 뒤늦게 공부를 시작해 1613년 Cambridge대학에 들어가 학위를 받았다.

HESPERIDES:
OR,
THE WORKS
BOTH
HUMANE & DIVINE
OF
ROBERT HERRICK Esq.
LONDON.

1623년에 그는 영국 국교회 성직자가 되었고, 1629년에는 Charles 1세에 의해 Devon의 시골목사로 임명되어 하는 수 없이 그곳에서 봉직했다. Devon에서 고적하게 지내며 뛰어난 작품들을 쓰기도 했으나, 그는 런던 생활의 즐거움을 잊을 수 없었다.

Herrick은 왕당파로서 청교도 혁명이 일어나자 1647년 성직에서 쫓겨나 런던으로 되돌아왔다. 1648년에 그는 1200편의 시를 실은 *Hesperides*

라는 시집을 출간했다. *Hesperides*속에는 세속적 주제와는 별도로 종교적 주제를 다루는 *Noble Numbers*라는 제목의 부분이 따로 있었다.

1660년 Charles 2세의 왕정복고 후 그는 다시 성직에 복귀하여 Devon으로 되돌아갔다. Herrick은 독신으로 조용히 살다가 83세의 나이로 일생을 마쳤다.

Herrick은 런던의 선술집에서 Ben Jonson을 중심으로 모였던 "sons of Ben" 중의 하나로, 19세기에 가서야 인기를 얻었다. 성직자임에도 불구하고 개인적으로 이교도적 성향(paganism)이 강했던 인물이었다.

2 To the Virgins, to Make Much of Time

Gather ye rosebuds while ye may,
Old time is still a-flying;
And this same flower that smiles today,
Tomorrow will be dying.

The glorious lamp of heaven, the sun,
The higher he's a-getting,
The sooner will his race be run,
And nearer he's to setting.

That age is best which is the first,
When youth and blood are warmer;
But being spent, the worse, and worst
Times still succeed the former.

Then be not coy, but use your time,
And while ye may, go marry;
For, having lost but once your prime,
You may forever tarry.

주석

1] ye: 너희들((복수 you의 고어형)).
rosebuds: 장미꽃봉오리. 장미꽃은 아름다운 여성, 청춘의 상징.
2] Old Time: 시간은 옛날부터 흘러내려 왔기 때문에 늙은 셈이다.
still: always.
a-flying: on flying.
5] The glorious lamp of heaven과 the sun은 동격.
8] setting: sun-set.
9] That age … which is the first: youth (젊은 시절). which의 선행사는 That age.
11] being spent: (it) being spent; after the first age (youth) is spent.
the worse, and worst: comparative of gradation(점진비교급).
15] but: only.
16] tarry: delay, keep waiting.

아가씨들이여, 장미꽃봉오리를 모을 수 있을 때 모아라.
　예로부터 내려오는 시간은 언제나 쏜살같이 지나간다.
오늘 미소 짓는 바로 이 꽃은
　내일이면 시들리라.

하늘의 찬란한 등불인 태양은
　높이 솟을수록
경주는 더 빠르게 끝나고
　점점 일몰에 가까워진다.

첫 시절이 최고이니,
　젊음과 피가 더 뜨거울 때라.
그러나 그 시절이 소진되고 나면, 갈수록 전보다
　점점 더 못한 시절이 계속 이어지게 된다.

그러니 수줍어하지 말고, 시간을 활용하라.

그리고 할 수 있을 때 결혼을 해라.
한창때를 한번 놓치고 나면
영원히 지체하게 될지도 모르니까.

3 작품분석

"Counsel to Girls"라는 제목이 붙기도 하는 이 시는 carpe diem의 주제를 다룬 대표적 시들 가운데 하나로 알려져 있다. carpe diem이란 'seize the day', 'catch the present', 즉 '현재를 즐기라'는 뜻의 라틴어로서, 시에서 흔히 쓰이는 주제 중 하나이다. 일찍이 그리스 시와 라틴 시에서부터 쓰였던 이 주제는 삶의 유한성과 인생은 한번 죽으면 끝이라는 인식에서 나오는 것이다. 덧없는 인생에 대한 인식은 곧 현재의 삶을 즐기기를 권유하는 태도로 이어진다. 그러나 종교적인 색채를 가진 시에서는 carpe diem의 주제는 인생이 짧기 때문에 살아 있는 동안 선하게 살라는 권고로 쓰이기도 한다.

인생의 덧없음을 상징하는 것으로서 시에서 흔히 장미가 소재로 등장한다. 장미는 여성미 혹은 순결의 상징으로 쓰이면서, 장미의 시듦은 여성의 아름다움이 얼마나 빨리 사라져버리는가를 보여주는 비유로 쓰인다. 이 시의 첫 행에 등장하는 장미꽃봉오리도 그런 의미를 가진다. '장미꽃봉오리를 모으라'는 말은 '즐길 수 있을 때 즐겨라'라는 뜻이 되는 것이다. 이 시의 화자는 시간은 쏜살처럼 날아가고 오늘 피어 있는 이 꽃도 내일이면 죽는다고 말하며 시간의 유한성을 상기시키고 있다.

시간의 흐름을 보여주는 소재로 첫 연에서 꽃이 등장했다면, 둘째 연에서는 태양이 등장한다. 시간의 흐름을 상징하는 태양의 움직임은 '경주'(race)로 표현되면서, 인생의 경주는 이내 끝날 것임을 말하고 있다. 태양이 점점 높이 솟는다는 것은 젊음이 최고조에 이르러간다는 뜻이지만, 그럴수록 일몰에 점점 가까워지듯 인생도 죽음에 가까워지는 것이다. 말하자면 인생이란 죽음이라는 종착지를 향해가는 것이고, 살면 살수록 남은 삶은 짧아지게 된다.

셋째 연에서는 꽃이나 태양과 같은 자연물이 아닌 인간을 직접 언급한다. 화자는 젊음과 피가 그 어느 시기보다 더 뜨거운 첫 시절이 최고라고 말한다. 그래서 젊은 시절을 다 보내고 나면 갈수록 나빠지는 세월이 뒤따르게 된다는 것이다. 첫 연에 나오는 꽃봉오리 → 꽃의 개화 → 꽃의 죽음으로의 자연의 변화는 여기에서 최고의 시절 → 더 나쁜 시절 → 최악의 시절로의 인생의 변화로 바뀌어 있다.

넷째 연에서는 인간 중에서도 젊은 아가씨들에게 초점을 돌린다. 화자는 아가씨들에게 시간을 활용하고, 가능할 때 결혼을 하라고 충고한다. 한창때를 놓치고 나면 영원히 지체하게 되기 때문이다. 젊음을 충분히 즐기고, 기회가 있을 때 그 기회를 놓치지 말고 결혼하라는 것이다.

젊을 때 즐기고 늦지 않게 결혼하라는 충고는 그 말 자체로는 아무런 문제가 없다. 그러나 젊음을 즐기라는 말과 결혼하라는 말은 서로 모순되는 것처럼 느껴진다. 왜냐하면 젊음을 즐기라는 말은 결혼에 따른 책임이나 부담이 없이 육체적 쾌락을 충분히 만끽하라는 말이고, 결혼한다는 것은 그런 책임이나 부담을 지는 것을 의미하기 때문이다. 그러니까 이 시는 그냥 젊음을 즐기라는 것인지, 결혼을 하라는 것인지 모호하다. '젊음과 피가 뜨거운' 시절은 한 때이니 이때를 즐기라는 충고라면, 이런 태도는 현세 향락적이기는 하지만 충분히 받아들일만한 조언이 된다. 그러나 꽃다운 시절은 잠시뿐이고 곧 그런 아름다움이 사라질 것이니 늦지 않게 결혼하라는 충고라면, 여자의 값은 젊음과 미모로 정해지고 나이가 들어가면 값이 떨어지니 값이 괜찮을 때 이를 팔라는 세속적인 조언이 되는 셈이다.

이 작품을 읽을 때 유념해야 할 것은 화자가 말하는 대상의 성(性)이다. 제목에 있는 대로 이 시가 아가씨들에게 말하는 것이고 장미가 여성의 아름다움 혹은 순결의 상징이라는 점에 주목한다면, 첫 연에서 말하는 '장미꽃봉오리를 모으라'는 말은 '즐기라'는 뜻과 동시에 '순결을 지키라'는 충고가 될 수 있다. 그러나 이어지는 연들에서는 인생은 젊은 시절이 제일 좋고 시간이 흘러갈수록 나빠지니까, 그 젊음을 다 소진해 버리지 말고 그 젊음을 잘 이용해서 제때 결혼하라고 말한다. 즐기는 것과 순결을 지키는 것은 모순되어 보인다. 여기에서는 결혼이 그 두 가지 모두를 충족시키는 길이라고 생각하는 듯하다.

이 시가 말하는 대상이 제목에 아가씨들이라고 되어 있지만, 이 시를 읽는 독자가 남성이라면 그 충고는 다른 내용으로 들릴 수 있다. 그럴 경우 첫 연에서 말하는 '장미꽃봉오리를 모으라'는 말은 꽃봉오리를 따라는 말, 즉 '여성의 순결을 취하라'는 충격적인 충고로 변하게 된다. 이런 관점에서 이 작품을 읽자면, 둘째 연의 떠오르는 태양은 남성의 발기를, 셋째 연의 '소진'은 성적 에너지의 소진을 뜻하게 된다. 즉, 아름다운 여성도 내일이면 아름다움이 사라져 버릴 것이니 그 아름다움을 취할 수 있는 능력이 남성에게 남아 있을 때 취하라는 말이 된다.

이 작품은 Herrick이 청교도 혁명이 일어난 후 성직에서 쫓겨난 직후에 나온 시라는 점에 주목할 필요가 있다. 그런 점에서 보면 셋째 연에서 언급한 'age', 'times'에 대한 언급이 예사롭지 않게 보인다. 말하자면 전(前)시대가 더 나았고, 갈수록 시대가 더 나빠지고 있다는 탄식이다. 또한 젊음과 쾌락을 즐기라는 태도 자체는 청교도적 윤리에 대한 일종의 도전인 셈이다. 이런 점에서 이 시는 당시 청교도 지배사회에 대한 비판을 동시에 담고 있는 작품으로 볼 수 있다.

[4] Delight in Disorder

A sweet disorder in the dress
Kindles in clothes a wantonness.
A lawn about the shoulders thrown
Into a fine distraction;
An erring lace, which here and there
Enthralls the crimson stomacher;
A cuff neglectful, and thereby
Ribbons to flow confusedly;
A winning wave, deserving note,
In the tempestuous petticoat;
A careless shoestring, in whose tie
I see a wild civility;
Do more bewitch me than when art
Is too precise in every part.

주석

1] sweet disorder: 일종의 oxymoron(모순어법).
2] wantonness: dissoluteness, licentiousness, lewdness, immorality(성적으로 무절제함, 방종함, 무질서, 부도덕함).
3] lawn: scarf.
4] distraction: disturbance; madness, insanity(혼란; 광기, 미침, 산만함).
fine distraction: 일종의 oxymoron.
5] erring: wandering, floating.
6] enthralls: charm, enchant, enrapture(매혹시키다, 황홀하게 하다).
stomacher: embroidered vest((보석이나 자수로 장식된 15-16세기에 유행한 여성용 가슴 장식)).
9] winning: charming; engaging(매혹적인, 마음을 사로잡는).
note: attention.
12] wild civility: 일종의 oxymoron.
13] bewitch: enchant, charm, fascinate(마법을 걸다, 매혹시키다).

의상의 멋진 무질서는
옷의 방종함을 부채질한다.
어깨 주위에 걸쳐
세련된 산만함을 이루는 스카프.
진홍색 가슴장식을 매혹시키며
여기저기서 실수를 저지르는 레이스.
태만한 소매, 그 곁에서
혼란스럽게 흐르는 리본들.
폭풍 치는 속치마의
눈길을 끄는, 마음을 사로잡는 물결.
매듭에서 거친 세련미가 엿보이는
부주의한 구두끈.
이 모든 것들은 모든 부분이 기교가 완벽할 때보다
나를 더 사로잡는다.

5 작품분석

시집 *Hesperides*(1648)에 실렸던 이 시의 제목 「무질서의 즐거움」(“Delight in Disorder”)이 암시하고 있듯 이 작품은 꾸밈없는 옷차림이 오히려 멋있다는 일종의 모순적 진리를 말하고 있다. 무질서가 즐거움을 준다는 생각은 일반적인 것은 아니다. 질서가 없는 것은 즐거움은 커녕 혼란과 짜증을 유발하기 쉽다. 그러나 여기서는 무질서에서 오히려 매력과 아름다움을 느낄 수 있다고 말한다. 특히 이 작품은 어깨로부터 아래로 발까지 여인의 옷차림을 묘사하면서 인간의 성적, 도덕적, 사회적 태도를 암시하는 어휘들을 사용하고 있다는 점이 중요한 특징이다. 위의 번역은 그런 원문의 어휘를 되도록 살리려고 한 것인데, 이것들을 일반적인 의미의 어휘로 바꾸어 다시 번역한다면 다음과 같은 식이 될 것이다.

옷의 멋진 흐트러짐은
오히려 옷에 활기를 불어넣는다.
아무렇게나 어깨에 걸쳐서
산만한 듯 세련되어 보이는 스카프.
진홍빛 가슴장식을 돋보이게 하며
멋대로 하늘거리는 레이스.
느슨한 소매와
아무렇게나 달려 있는 듯한 리본들.
사람의 눈길을 끌고 마음을 사로잡는
몹시 펄럭이는 속치마.
멋대로 묶은 구두끈에서 보이는

자연스런 세련미.
이 모든 것들은 모든 부분에서 기교가 보일 때보다
나를 더 매혹시킨다.

앞의 번역에서 쓰인 '무질서'(disorder, 제1행), '방종함'(wantonness, 제2행), '산만함(distraction, 제4행), '매혹시키는'(Enthralls, 제5행), '실수를 저지르는'(erring, 제6행), '태만한'(neglectful, 제7행), '혼란스럽게'(confusedly, 제8행), '마음을 사로잡는'(winning, 제10행), '부주의한'(careless, 제12행) 등은 겉에 걸치는 의상보다는 인간의 태도나 자태를 묘사하는 말이다. 말하자면 옷매무새 자체를 의인화하여 쓰면서, 그 옷차림이 암시하는 그 옷을 입은 사람의 감정과 태도를 묘사하고 있다.

그런 '의상의 무질서'를 찬미하는 것은 우선, 진정한 미는 인위적인 것보다는 자연스러움에 있다는 생각의 표현으로 보인다. 화려하고 까다로운 장식이나 지나치게 정교한 의상보다는 뭔가 부족한 듯 보이는 옷차림새가 오히려 멋있어 보일 수 있다는 것이다. 말하자면 '무기교의 기교'(artless art)를 강조하고 있는 것으로 보인다.

다른 점에서는 이 작품을 단순한 일종의 사랑시로 볼 수도 있을 것이다. 여인에 대한 사랑이 가득한 남자가 그녀의 옷을 보고 그 아름다움을 묘사하고 있는 시로 말이다. 이 여인의 옷차림새는 사회의 일반적인 방식을 따르고 있는 것 같지 않다. 그러나 '제 눈에 안경'이라는 말이 있듯, 시인에게는 여인이 옷을 어떻게 입든 상관없이 그저 모두 예뻐 보이는 것 같다. 여인에게 눈이 멀어 그 옷차림에서 어떤 문제점도 발견할 수 없을뿐더러, 약간 정리가 덜 된 듯, 혼란스러워 보이는 것들조차 오히려 매혹적으로 보게 된다. 다른 사람들에게는 거부감이나 혐오감을 줄 수 있는 것들이 오히려 그녀의 사랑스러움을 돋보이게 하는 것이다.

그런데 중요한 사실은 단순히 이 여인의 옷차림새만이 혼란스럽고 무질서해 보이는 것이 아니라는 점이다. 그것들은 이 여인이 가진 삶의 태도를 그대로 보여 준다. 이 여인의 옷차림새를 묘사하는 어휘들은 특히 성적인 암시가 강한 것들이 많다. 말하자면 이 여인은 옷만 단정치 못하게 입는 것이 아니라 도덕적으로도 단정치 못하고 흐트러진 모습을 보이는 것 같다. 앞서 언급한대로 이 여인은 '방종'하고 '산만하며', 늘 '실수를 저지르며', '태만하고' '부주의한' 여인이다. 그러나 동시에 이 여인은 그런 흐트러짐으로 해서 오히려 남자들을 '매혹'시키고 남자들의 '마음을 사로잡는' 여인인 셈이다. 그런 여인의 고혹적 매력에 빠진 남자는 그녀의 의상을 볼 때도 그녀의 성적 매력을 주로 보게 되는 것이다.

George Herbert
(1593–1633)

1 작가의 생애와 작품경향

Herbert는 북부 Wales 명문가의 다섯째 아들로 태어났다. 그의 어머니는 John Donne 등의 문인들을 후원했고, 그래서 Donne은 *Holy Sonnets*(신성 소네트)를 그녀에게 헌정하기도 했다. 그의 아버지는 그가 세 살 때 세상을 떠나고, 그 이후 어머니는 열 명의 자식교육에 헌신하였다.

Herbert는 열 살에 Westminster School에 입학했고, 열일곱 살에는 Cambridge대학 Trinity College에 장학생으로 들어갔다. 그는 대학졸업 후 1620년에 Cambridge대학의 대학변사(public orator)가 되었다. 이 자리는 Cambridge대학의 공적 행사에서 대학을 대표하는 대변인과 같은 역할을 하는 것으로, 높은 정치적 지위를 얻을 수 있는 발판이 되는 위치였다. 그는 1624년과 1625년에 국회의원이 되었지만 정치적 야망을 포기하고 결혼을 한 후, 1630년에 영국국교회의 성직자가 되었다. Herbert는 Salisbury근처 Bemerton에서 자기 재산을 털어 교회를 재건축하는 등 열정적이면서도 자상한 성품으로 목회활동을 이어가 사람들에게 거의 성인으로 존경을 받았다.

Herbert는 이 시기에 그의 시 절반 이상을 썼고, 시 원고는 임종침상에서 친구 Nicholas Ferrar에게 맡겨졌다. 그는 40세가 채 되기 전에 폐병으로 세상을 떠났는데, 그 직후에 그의 시들은 *The Temple*(성당, 1633)이라는 제목으로 출판되었다. 이 시집은 인기가 대단히 높아 1680년까지 스무 번이나 다시 찍어내었다.

형이상학파 시인으로 분류되는 Herbert의 시들은 언어적 정확성과 논리성, 독창적 비유 등이 돋보이는 작품들로, 거의 자신의 종교적인 신앙심을 보여주는 것들이다. 또 "The Altar"(제단), "Easter Wings"(부활절 날개)와 같은 시들은 묘사하고 있는 대상을 시행으로써 시각적으로 형상화한 작품들로서, 흔히 'pattern poems'(형상시) 혹은 'emblem poems'(표상시)라고 불린다.

[2] The Altar

A broken A L T A R, Lord, thy servant rears,
Made of a heart, and cemented with tears:
Whose parts are as thy hand did frame;
No workman's tool hath touched the same.
A H E A R T alone
Is such a stone,
As nothing but
Thy power doth cut.
Wherefore each part
Of my hard heart
Meets in this frame,
To praise thy Name;
That, if I chance to hold my peace,
These stones to praise thee may not cease.
O let thy blessed S A C R I F I C E be mine,
And sanctify this A L T A R to be thine.

주석

1-2] A broken A L T A R, Lord, ··· Made of a heart: 성경에 나오는 다윗(David)의 찬가(psalm)와 유사하다. 「시편」 제51장 17-18절 참조: 'For thou desirest not sacrifice: else would I give it: thou delightest not in burnt offering. The sacrifices of God are a broken spirit: a broken and a contrite heart, O God, thou wilt not despise'(하느님께서 구하시는 제사는 상한 심령이라 하느님이여 상하고 통회하는 마음을 주께서 멸시치 아니하시리이다).
rears: raises by building; erects(세우다).

2] cemented: joined together, consolidated(결합한, 굳힌).

4] No workman's tool hath touched the same: 제단을 세울 때 쪼갠 돌이나 연장을 사용하지 말라고 하느님이 모세에게 내린 명령과 연관된 부분. 「출애굽기」 제22장 25절 참조: 'And if thou wilt make me an altar of stone, thou shalt not build it of hewn stone: for if thou lift up thy tool upon it, thou hast polluted it'(네가 내게 돌로 제단을 쌓거든 다듬은 돌로 쌓지 말라 네가 정으로 그것을 쪼개면 부정하게 함이니라).

9] wherefore: fore that cause or reason, therefore.

14] These stones to praise thee may not cease: These stones may not cease to praise thee. 「누가복음」 제19장 40절 참조: 'I tell you that, if these should hold his peace, the stones would immediately cry out'(내가 너희에게 말하노니 만일 이 사람들이 침묵하면 돌들이 소리 지르리라).

13-4] if I chance ··· not cease: 시인은 다른 사람들이 자기 시를 읽든 그렇지 않든 하느님을 찬미하기를 원하고 있다는 것.

16] sanctify: make holy; consecrate(성스럽게 하다).
thine: yours.

부서진 **제단**을, 주여, 당신의 종이 세웁니다,
심장으로 만들고, 눈물로 굳힌.
각 부분은 당신의 손이 만드신 그대로입니다.
어떤 장인의 연장도 그것을 건드리지 않았습니다.
심 장 은
단단한 돌과 같아서
당신의 힘으로만

자를 수 있습니다.
그래서 저의 단단한
심장의 조각들은
이 제단 뼈대에서 만나
당신 이름을 찬미합니다,
비록 제가 침묵을 지킬지라도
이 돌들이 그치지 않고 당신을 찬미하도록.
오, 당신의 복된 **희생**이 제 것이 되게 하시고,
이 **제단**을 거룩하게 하여 당신 것이 되게 하소서.

3 작품분석

THE
TEMPLE.
SACRED POEMS
AND
PRIVATE EJA-
CULATIONS.
By Mr. GEORGE HERBERT.
PSAL. 29.
In his Temple doth every man speak of his honour.
CAMBRIDGE:
Printed by *Thom. Buck,* and *Roger Daniel,* printers to the Universitie.
1633.

Herbert의 시집 제목들은 교회건물이나 성물과 연관되는 것들이 많다. 이 시는 특정사물의 모양을 시각적으로 나타내도록 시행을 배열한 형상시 가운데 하나로서, 시행의 배열이 시의 제목인 「제단」의 모습을 그대로 형상화하고 있다. 처음 제1-2행과 마지막 제15-16행은 약강5보격(iambic pentameter)으로, 제3-4행과 제13-14행은 그보다 조금 짧게 약강4보격(iambic tetrameter)으로 하여 납작한 제단 윗부분과 맨 아랫부분의 모양이 되도록 하고, 중간 부분인 제5-12행은 약강2보격(iambic dimeter)로 하여 길쭉한 기둥 부분의 모양을 나타내도록 만

든 것이다.

이 시는 Herbert의 시집 *The Temple*의 중심부라 할 수 있는 ≪The Church≫의 서시에 해당하는 작품으로서, 다음에 나오는 시들을 하느님께 바칠 제단을 준비한다는 의미를 가지고 있는 것으로 보인다. 이 시에서는 '제단'(A L T A R)과 함께 '심장'(H E A R T), '희생'(S A C R I F I C E) 등 세 단어가 스펠링을 띄어서 쓴 대문자로 강조되면서 작품의 핵심을 그대로 보여 준다. 단적으로 말해 이 시의 화자는 자신의 '심장'으로 만든 '제단'에 '희생'의 제사를 하느님께 드리겠다는 것이다.

시의 첫 부분에서 시인은 '부서진 제단'을 세운다고 말한다. 그러나 그 제단은 돌로 만든 보통의 제단이 아니라 '심장으로 만들고, 눈물로 굳힌' 제단이다. 말하자면 자신의 부서진 마음과 눈물로 쌓아올리는 마음의 제단이다. 이는 성경 시편에서 다윗이 한 기도를 상기시킨다. 하느님이 바라는 제사는 '부서진 영혼'(a broken spirit)이며, 하느님은 '부서지고 뉘우치는 심장'(a broken and a contrite heart)을 멸시하지 않을 거라는 다윗의 말처럼, 자신의 부서진 마음을 쌓고 그 틈을 눈물로 메우며 제단을 만든다는 것이다.

또한 그 제단은 모세가 제단을 만들 때 하느님이 명령하셨던 것처럼 연장을 대지 않은 제단이라고 말한다. 인위적이거나 작위적인 것이 아니라 자신의 있는 그대로의 부서진 마음으로 쌓아올린 제단이라는 말이다. 따라서 그는 하느님이 기뻐하는 제사를 드리고 있는 것인데, 그 제단이나 희생 제물은 바로 자기 자신이다.

부서진 심장으로 제단을 쌓는다는 표현은 심장을 단단한 돌의 이미지로 쓴 것이다. 제5행부터 시작되는 이 시의 중간 부분에서도 심장을 그렇게 돌로 표현하고 있다. 그런데 그 단단한 돌 같은 심장은 하느님의 힘으로만 자를 수 있다고 한다. 여기에서 우리는 돌 같은 심장이라는 말 역시 비유적으로 쓰였음을 알게 된다. 심장이 돌 같다는 것은 어떤 사람의 마음이 다른 존재에 대해 무감각하고 냉정함을 이르는 것이다. 혹은 이미 너무 많은 상처를 받아 더 이상 상처를 받지 않도록 마음을 닫고 있는 것을 이르는 말일 수도 있다. 어쨌든 이런 단단한 돌 같은 심장을 부술 수 있는 존재는 오로지 하느님뿐이다. 그렇게 부서진 마음의 조각들로 제단이 이루어지기 때문에. '심장의 조각들은/ 이 제단 뼈대에서 만나' 하나가 되는 셈이다. 하나의 제단을 이룸으로써 조각조각 부서졌던 자신의 심장, 자신의 마음이 온전하게 하나가 된다는 것이다. 그렇게 온전해진 그의 심장은 하느님의 이름을 찬미하게 된다.

이 시의 마지막 부분에서는 자신이 하느님을 찬미하지 않아도 그 돌들은 그치지 않고 하느님을 찬미할 것이라고 말한다. 그 제단을 만든 돌은 사실 자신의 마음 조각들이므로, 자신은 하느님을 찬미하지 않더라도 그 마음 조각들이 하느님을 찬미하기를 그치지 않을 것이라는 말은 논리상 조금 이상해 보일 수 있다. 그 마음 조각이나 자신이나 결국 마찬가지이기 때문이다. 아마 자신이 남 앞에서 눈에 띄도록 하느님을 찬미하지 않아도, 자신의 마음, 자신의 깊은 내면은 하느님을 줄곧 찬양할 것이라는 뜻으로 보인다.

시인은 시를 마무리하면서 예수의 희생을 언급한다. 예수의 십자가 희생은 온 인류를 위한 희생으로 하느님께 드리는 희생제사의 중심적이고 대표적인 예라 할 수 있다. 그는 예수의 복된 희생이 자신을 죄악에서 살리기를 바라면서 자신의 희생 제사도 그런 예수의 희생 제사와 같기를 바란다. 그래서 마지막 행에서는 하느님이 그의 아들 예수의 제사를 받았듯이 그가 드리는 제사, 자신의 부서진 심장으로 쌓아올린 제단에 자신을 바치는 제사를 받아주시기를 간구하며 이 시를 끝낸다.

시 전체를 통틀어 볼 때, 시인은 하느님께 자신을 온전히 바치기가 쉽지 않다는 생각을 하고 있는 것처럼 보인다. 그의 깊은 영혼은 그러기를 원하지만 돌처럼 단단하고 완고한 마음 때문에 자신을 온전히 드릴 수가 없다는 것이다. 마음이 돌처럼 단단하기 때문에 그 돌을 하느님이 깨뜨려주기를 바라는 동시에, 그 부서진 돌, 그 부서진 마음, 회개하는 마음으로 쌓은 제단에 자신을 바치는 그 제사를 받아주시기를 바라고 있다.

4 The Pulley

When God at first made man,
Having a glass of blessings standing by,
"Let us," said he, "pour on him all we can.
Let the world's riches, which disperséd lie,
Contract into a span."

So strength first made a way;
Then beauty flowed, then wisdom, honour, pleasure.
When almost all was out, God made a stay,
Perceiving that alone of all his treasure,
Rest in the bottom lay.

"For if I should," said he,
"Bestow this jewel also on my creature,
He would adore my gifts instead of me,
And rest in Nature, not the God of Nature;
So both should losers be.

"Yet let him keep the rest,
But keep them with repining restlessness.
Let him be rich and weary, that at least,
If goodness lead him not, yet weariness
May toss him to my breast."

주석

2] a glass of blessings: Pandora의 상자를 연상시킴.
3] us: Trinity(삼위일체 하느님).
5] span: 인간을 말함.
9] treasure: 축복들을 말함.
10] rest: 'remainder'(나머지)와 'repose'(휴식)의 두 가지 의미를 가진다.
bottom: 축복의 잔의 밑바닥.
12] this jewel: 제10행의 'rest.'
my creature: 인간을 말함.
12-20] 하느님이 한 말은 셋째 연과 넷째 연에 걸쳐있다. 넷째 연 시작부분에 여는 따옴표를 다시 붙인 것은 셋째 연에서 시작된 하느님의 말이 계속된다는 뜻이다. 셋째 연 마지막 부분에 닫는 따옴표가 없는 것은 하느님의 말이 넷째 연 마지막에 가서야 끝나기 때문이다. 인용하는 말이 한 개 이상의 연이 될 때는 새로운 연 앞마다 여는 따옴표를 다시 붙이는 것이 영시의 표기방식이다.
15] both: 인간과 하느님.
16] the rest: remainder(안식을 제외한 것들).
18] that: so that.

태초에 하느님이 인간을 만드셨을 때,
곁에 축복들이 든 잔을 세워 두시고
말씀하시기를, "줄 수 있는 모든 것을 인간에게 부어주자.
흩어져 있는 세상의 귀한 것들을
한 뼘 안에 압축시키자."

그래서 힘이 먼저 길을 나아갔고,
다음에는 미가, 그 다음에는 지혜, 명예, 쾌락이 흘러나왔다.
거의 모든 것이 다 나왔을 때, 하느님은 멈추셨다,

그의 모든 보물들 중에 오로지
  안식만이 바닥에 남아 있는 것을 알아차리고서.

  그는 말씀하기를, "혹시 내가
이 보배마저 내 피조물에게 준다면,
  그는 내 대신 내 선물들을 숭배하고
자연을 만든 하느님이 아닌, 자연을 믿을 테니까.
  그래서 둘 다 손해 보는 자가 되리라.

  그래도 인간에게 그 나머지를 갖게 하자,
그러나 조바심 내는 불안한 마음으로 갖게 하자.
  인간을 풍요로우면서도 피로하게 하자, 그래서 적어도
선이 그를 인도하지 못할 경우에는 피로함이
  그를 내 품속으로 던져 올리도록."

5 작품분석

이 시는 하느님의 인간창조를 소재로 하고 있다. 그러나 성경에서 묘사된 것처럼 흙에 생기를 불어넣어서 창조하는 것이 아니다. 여기에서 보이는 창조과정은 기독교적이라기보다는 다분히 그리스신화의 Pandora상자를 연상시킨다. 신화에서는 Pandora가 갖은 재앙이 든 상자를 열자, 죽음과 질병, 증오, 질투 같은 재앙들이 온 세상으로 퍼져나가고 상자 밑바닥에는 '희망'만 남은 것으로 되어 있다. 그러나 이 시에서는 반대로 하느님이 온 세상에 퍼져 있는 온갖 귀한 것들을 한 뼘에 불과한 것처럼 보이는 작은 존재 인간에게 넣어주어 축복하는 것으로 나타난다. 그래서 힘과 미, 지혜, 명예, 쾌락이 차례로 인간에게 부여된다.

그리스신화에서 Pandora의 상자에 '희망'이 남은 것과는 달리, 이 시에서는 하느님의 축복의 잔에는 '안식'이 남아 있었다고 한다. 하느님은 이 시점에서 인간에게 안식마저 주려고 하지 않는다. 인간이 안식이라는 보배마저 받게 되면 자연을 만드신 창조주 하느님이 아닌 피조물인 자연을 섬기게 될 거라는 것을 알기 때문이다. 인간은 언젠가는 하느님으로부터 받은 온갖 축복에도 싫증과 피로함을 느낄 것이며, 그 피로함 때문에 인간은 하느님을 찾고 하느님의 품으로 들어올 것이라고 한다. 따라서 하느님은 인간을 '풍요로우면서도 피로하게' 하시는 것이다.

따라서 왜 이 시의 제목을 "The Pulley"(도르래)라고 지었는지 알 수 있다. 도르래의 한쪽에는 힘과 미, 지혜, 명예, 쾌락 등의 축복이, 다른 한쪽에는 안식이 매달려 있다. 이 둘은 동시에 주어지지 않는다. 인간이 축복을 만끽하게 되면 안식을 얻을 수 없고, 마음의 안식은 이런 축복을 포기할 때 온다. 여기에는 아무 것도 없는 자들이 오히려 마음의 안식을 누릴 수 있다는 암시가 있는 것 같다. 어쨌든 축복을 누리는 한, 인간은 안식을 얻지 못해 피로할 것이고, 그래서 안식을 얻기 위해 결국 하느님에게로 돌아올 것이라는 계산이 하느님의 인간 창조 과정에는 들어가 있는 셈이다. 이 시가 형이상학파시의 특성을 갖는 것은 하느님의 창조행위라는 종교적 관념을 도르래와 그 원리라는 과학적, 물리학적 개념으로 설명하고 있기 때문이다.

John Milton
(1608–1674)

1 작가의 생애와 작품경향

Milton은 런던의 Cheapside에서 태어나 종교적이고 예술적인 가문에서 성장했다. 그는 St. Paul's School을 졸업한 뒤, 아버지의 뜻에 따라 성직자가 되기 위해 1625년 Cambridge 대학의 Christ College에 입학했다.

Cambridge대학에서 석사학위까지 받았으나 그는 성직자의 길을 포기하고 시를 쓰기 시작했다. 이 무렵인 1632년에는 "L'Allegro"(쾌활한 사람)와 "Il Penseroso"(사색하는 사람)를 썼다. 1635년에는 아버지의 건강이 악화되자 Horton으로 이주한 후 그리스와 라틴의 고전에 열중했다. 1637년에는 대학시절 친구인 Edward King이 갑자기 세상을 떠나자 그를 애도하는 목가풍의 elegy인 "Lycidas"를 썼다. 1637년 12월에는 이탈리아로 여행을 떠났다가 국내정세가 불안해지

AREOPAGITICA;
A
SPEECH
OF
Mr. JOHN MILTON
For the Liberty of VNLICENC'D
PRINTING,
To the PARLAMENT of ENGLAND.

LONDON,
Printed in the Yeare, 1644.

자 1939년 7월에 영국으로 돌아왔다. 1940년까지의 시기는 Milton의 문학적 생애 중 제1기에 속하는 문학적 습작기로서, 서정시를 주로 썼기 때문에 흔히 '서정시 시기'(Lyric period)라고 부른다.

Milton의 문학적 생애 중 제2기는 1640년부터 1660년까지의 시기로, 현실정치에 참여하면서 정치적, 사회적 성격의 산문을 주로 썼기 때문에 '산문시기'(Prose Period)라고 부른다. 1642년에는 Mary Powell과 결혼했으나 가정불화로 곧 별거에 들어갔고, 이를 계기로 이혼을 옹호하는 *The Doctrine of Discipline of Divorce*(이혼론)를 써냈다. 또 1644년에는 검열제도를 비판하고 표현의 자유를 주장한 *Areopagitica*를 발표했다. 청교도 혁명 후 Charles 1세가 처형되고 공화제가 들어서면서 Milton은 Cromwell을 보좌하는 외국어장관에 임명되었다. Milton은 라틴어 외교문서를 영어로 번역하고, 유럽 여러 나라들이 Charles 1세 처형을 비난하는 것에 대해 그 정당성을 주장하는 글들을 라틴어로 썼다. 그러나 그는 과로 때문에 결국 실명하게 되었다.

1658년 Cromwell이 사망하고 1660년 5월 Charles 2세가 돌아와 왕정복고가 이루어지자 Milton은 청교도혁명에 동조한 혐의로 체포되어 감옥에 갇혔다. 그러나 하원의원이 된 Marvell과 계관시인 Davenant 경 등의 구명운동으로 석방되었다. 그는 눈이 먼 상태에서 집필을 시작해 3대 서사시 *Paradise Lost*(실락원, 1667), *Paradise Regained*(복락원, 1671), *Samson Agonistes*(투사 삼손, 1671)를 썼다. 실명의 고통과 정치적 혁명의 실패에 따른 고뇌가 배어 있는 이 시기는 Milton의 문학적 생애에서 제3기 '서사시 시기'(Epic Period)로 불린다.

2 On His Blindness

When I consider how my light is spent
Ere half my days, in this dark world and wide,
And that one Talent which is death to hide,
Lodged with me useless, though my soul more bent
To serve therewith my Maker, and present
My true account, lest He returning chide;
"Doth God exact day-labor, light denied?"
I fondly ask; but Patience to prevent
That murmur, soon replies, "God doth not need
Either man's work or his own gifts; who best
Bear his mild yoke, they serve him best. His state
Is kingly, Thousands at his bidding speed
And post o'er land and ocean without rest;
They also serve who only stand and wait."

주석

1] how my light is spent: Milton 자신의 눈이 멀었다는 것.
2] Ere half my days: 내 생애가 반도 지나기 전에.
dark world and wide: dark and wide world.
3-6] one Talent … hide: 성경의 "달란트의 비유" 참조(「마태복음」 제25장 14-30절).
5] which is death to hide: 눈이 멀어 자신의 재능을 발휘하지 못하는 것은 죽음과 다를 바 없다는 뜻.
8] fondly: foolishly.
prevent: forestall(선수 치다).
9] murmur: complaint(불평).
10] who: those who.
11] Bear his mild yoke: 성경, 「마태복음」 제11장 29-30절 참조: 'Take my yoke upon you, and learn of me; for I am meek and lowly in heart: and ye shall find rest unto your souls. For my yoke is easy, and my burden is light'(나는 마음이 온유하고 겸손하니 나의 멍에를 메고 내게 배우라 그리하면 너희 마음이 쉼을 얻으리니 이는 내 멍에는 쉽고 내 짐은 가벼움이라 하시니라).
12] Thousands: Thousands of angels(수많은 천사무리).
13] post: travel with speed.

14] They … who … wait: 「시편」 제27장 14절 참조: 'Wait on the LORD: be of good courage, and he shall strengthen thine heart: wait, I say, on the LORD'(너는 여호와를 바랄지어다 강하고 담대하며 여호와를 바랄지어다).

이 어둡고 넓은 세상에서, 내 생애가 채 반도 지나기 전에
나의 시력이 사라진 것을 생각하고,
죽도록 감추기 싫은 재능이
내게 쓸모없이 묵혀 있는 것을 생각할 때 — 비록 내 영혼은
그 재능으로 나의 창조주에게 봉사하고, 그가 돌아왔을 때
꾸짖지 않도록 참된 계산서를 내보이고 싶지만 —
"하느님은 빛도 안 주시고 낮의 노동을 강요하신단 말인가?" 하고
나는 어리석게도 묻는다. 그러나 인내심이 불평을 앞질러서
이내 대답한다, "하느님은 인간의 일도 인간의 재능도
필요하신 게 아니다. 그 분의 온유한 멍에를
잘 견디는 자가 그 분을 가장 잘 섬기는 것. 그의 나라는
왕국과 같아, 수많은 천사들이 그 분의 명에 따라
땅이건 바다건 쉼 없이 빠르게 움직인다.
그저 묵묵히 기다리는 자도 역시 그 분을 섬기는 것이다"라고.

3 작품분석

첫 행을 따서 "When I Consider How My Light Is Spent"라는 제목이 붙기도 하는 이 소네트는 Milton 자신의 실명(失明)을 주제로 해서 쓴 작품이다. Milton은 36세 때부터 시력이 약화되기 시작하여 42세 때는 왼쪽 눈의 시력을 잃고, 1651년 43세가 되었을 때는 완전히 실명

한 것으로 알려져 있다. 이 시는 1652년-1655년 사이, 이미 두 눈이 다 먼 상태에서 쓴 것으로 추정되고 있다.

셋째 행에 나온 'Talent'라는 말은 '재능'(special ability)이라는 뜻이면서 동시에 화폐의 단위이기도 하다. 성경의 비유에서도 이 말은 두 가지 뜻을 모두 가지고 있다. 이 시의 초반부는 소위 '달란트의 비유'로 알려진 「마태복음」 제25장의 틀을 중심으로 전개되고 있다. 이해를 돕기 위해 성경을 인용해 보기로 한다(밑줄 친 부분은 이 시에 나온 구절들과 연관이 깊은 것들이다).

> 14 또 어떤 사람이 타국에 갈 제 그 종들을 불러 자기 소유를 맡김과 같으니
> 15 각각 그 재능대로 하나에게는 금 다섯 달란트를, 하나에게는 두 달란트를, 하나에게는 한 달란트를 주고 떠났더니
> 16 다섯 달란트 받은 자는 바로 가서 그것으로 장사하여 또 다섯 달란트를 남기고
> 17 두 달란트 받은 자도 그같이 하여 또 두 달란트를 남겼으되
> 18 한 달란트 받은 자는 가서 땅을 파고 그 주인의 돈을 감추어 두었더니
> 19 오랜 후에 그 종들의 주인이 돌아와 저희와 회계할 때
> 20 다섯 달란트 받았던 자는 다섯 달란트를 더 가지고 와서 가로되 주여 내게 다섯 달란트를 주셨는데 보소서 내가 또 다섯 달란트를 남겼나이다
> 21 그 주인이 이르되 잘 하였도다 착하고 충성된 종아 네가 작은 일에 충성하였으매 내가 많은 것으로 네게 맡기리니 네 주인의 즐거움에 참예할찌어다 하고
> 22 두 달란트 받았던 자도 와서 가로되 주여 내게 두 달란트를 주셨는데 보소서 내가 또 두 달란트를 남겼나이다
> 23 그 주인이 이르되 잘 하였도다 착하고 충성된 종아 네가 작은 일에 충성하였으매 내가 많은 것으로 네게 맡기리니 네 주인의 즐거움에 참예할찌어다 하고
> 24 한 달란트 받았던 자도 와서 가로되 주여 당신은 굳은 사람이라 심지 않은 데서 거두고 헤치지 않은 데서 모으는 줄을 내가 알았으므로
> 25 두려워하여 나가서 당신의 달란트를 땅에 감추어 두었었나이다 보소서

당신이 것을 받으셨나이다
26 그 주인이 대답하여 가로되 악하고 게으른 종아 나는 심지 않은 데서
모으는 줄로 네가 알았느냐
27 그러면 네가 마땅히 내 돈을 취리하는 자들에게나 두었다가 나로 돌아
와서 내 본전과 변리를 받게 할 것이니라 하고
28 그에게서 한 달란트를 빼앗아 열 달란트 가진 자에게 주어라
29 무릇 있는 자는 받아 풍족하게 되고 없는 자는 그 있는 것까지 빼앗기
리라
30 이 무익한 종을 바깥 어두운 데로 내어 쫓으라 거기서 슬피 울며 이를
갊이 있으리라 하니라

Milton은 하느님으로부터 글 쓰는 재능을 자신의 달란트로 받은 것으로 생각하고 있다. 그는 성경에 나온 게으른 종처럼 그 달란트를 감춰 두고 싶지 않다. 그러나 눈이 멀어 글을 쓸 수 없으므로 그 재능은 '쓸모없이 묵혀 있는' 꼴이 된다. 그는 하느님이 시력도 주시지 않고 글을 쓰라는 말인가 하고 불평하려 한다. 그는 성경에서 외국에 갔다가 돌아온 주인이 종들과 회계하듯 하느님이 최후심판때 자신과 회계할 때 꾸지람을 듣지 않도록 착한 종들처럼 '참된 계산서'를 내보이고 싶어 한다. 그러나 글을 쓰지 못하게 되었으니 내보일만한 계산서가 있을 리 없다.

그러나 그런 불평을 인내심이 앞질러 하느님의 참뜻을 전해 준다. 이 시는 Italian sonnet 형식을 가지고 있는데, Italian sonnet은 보통 전반부 8행(octave)과 후반부 6행(sestet)로 나눠진다. 대개 전반부에서 문제를 제시하고 후반부에서 해결하는 구조를 갖는다. 이 시의 경우에도 전반부는 시의 화자가 자신의 실명과 관련하여 불평을 하려고 한다는 내용이고, 후반부는 그 불평을 막고 인내심이 하느님의 메시지를 전하는 것으로 되어 있다. 그런데 이 시에서는 두 부분이 나눠지는

곳이 제8행의 끝이 아니라 8행의 중간이다. 그래서 구문의 완결과 시행의 종결이 잘 맞아떨어지지 않는다. 그러나 이렇게 인내심에 관한 언급을 시행 중간부터 시작함으로써 이 시의 내용처럼 말하자면 인내심('Patience')이 선수를 치고 나오는 모양이 된다.

의인화된 Milton자신의 인내심은 하느님이 인간의 작업도 인간의 선물도 필요로 하지 않는다고 말한다. 그 분은 전지전능하신 분이고, 그의 명령에 따라 일할 수 있는 천사들이 수없이 많이 있기 때문이다. 하느님이 인간에게 매어주신 멍에를 — 그러나 그 멍에는 부드럽다고 한다 — 잘 견디고, 그 분의 섭리를 묵묵히 기다리는 것도 하느님이 주신 달란트에 따라 열심히 일하는 것과 마찬가지로 하느님을 섬기는 일이라고 말한다.

이 시는 말하자면 실명으로 작품을 쓸 수 없게 된 Milton이 자신의 처지를 비관하거나 그런 운명을 준 하느님에게 불평을 하는 대신, 그런 운명 자체도 하느님의 뜻이라 생각하고 순명하려는 태도를 보여주는 작품이다. *Paradise Lost* 등 Milton의 가장 중요한 대작인 3대 서사시가 실명 후에 나왔다는 점을 생각하면 이 시의 메시지는 의미가 깊다.

4 On His Deceased Wife

Methought I saw my late espousèd saint
  Brought to me like Alcestis from the grave,
  Whom Jove's great son to her glad husband gave,
  Rescued from death by force though pale and faint.
Mine as whom washed from spot of childbed taint,
Purification in the old law did save,
  And such, as yet once more I trust to have

Full sight of her in Heaven without restraint,
Came vested all in white, pure as her mind.
Her face was veiled, yet to my fancied sight,
Love, sweetness, goodness, in her person shined
So clear, as in no face with more delight.
But O, as to embrace me she inclined,
I waked, she fled, and day brought back my night.

주석

1] Methought: It seemed to me (that).
my late espouséd saint: 최근에 죽은 아내를 지칭하는 말.
espoused: married.
2] Alcestis: 알케스티스. 그리스 신화에 나오는 Thessaly(테살리아)의 왕 Admetus(아드메토스)의 아내.
3] Jove's great son: Hercules.
her glad husband: Admetus.
5] Mine: my late espouséd saint, my wife.
as whom: as a woman whom, as one whom.
5-6] washed from spot of childbed taint,/ Purification in the old law did save: 「레위기」 제12장 1-8절에 나오는 출산한 여인의 정결의식 규례와 관련된 부분.
9] all in white: 「요한계시록」 제7장 14절과 제19장 8절에 묘사된 선택받은 자들이 흰옷을 입고 있는 모습을 연상시킴.
vested: dressed, clothed.
13] inclined: leaned.

최근에 죽은 성녀, 내 아내를 본 것만 같다.
비록 창백하고 힘이 없었지만, 제우스의 위대한 아들이
완력으로
죽음에서 구출해서 기뻐하는 남편에게 돌려주었던
알케스티스처럼 무덤에서 내게 돌아온 그녀를.
내 아내는, 옛 율법이 정한 정결의식으로
출산의 부정이 씻긴 여인처럼,
그리고 아직도 다시 한 번 아무런 제약 없이 천국에서

내가 그녀를 온전히 볼 것이라고 믿었던 것과 같은 그런 이로서,
그녀의 마음처럼 순결한, 온통 하얀 옷을 입고 나타났다.
그녀의 얼굴은 베일로 가려져 있었지만, 내 상상의 눈에는
사랑, 상냥함, 선함이 그녀의 몸에서 맑게 빛나는 듯 했다,
다른 얼굴에서는 이보다 더한 환희를 느낄 수 없을 만큼.
그러나 아, 그녀가 나를 안으려고 몸을 기울이는 순간,
나는 잠에서 깨어 그녀는 달아났고, 낮은 나에게 다시 밤을 가져왔다.

5 작품분석

Milton은 평생 세 번 결혼했다. 첫 부인은 왕당파 정치지도자였던 Richard Powell의 장녀 Mary였다. 둘이 결혼한 것은 1642년으로 당시에 Milton의 나이는 34세, Mary는 17세였다. 그러나 두 집안의 정치적 견해 차이로 Mary는 결혼 직후 친정으로 돌아갔다. Mary는 한 달 가량 있다가 돌아올 생각이었으나 마침 내란이 일어나 돌아오지 못했다. Milton은 사람을 보내어 Mary에게 돌아올 것을 종용했으나, 심부름 갔던 사람은 욕설만 듣고 쫓겨났다. Milton은 Mary와 이혼하고 재혼할 계획을 세웠다. 그런데 이때 Mary가 집으로 돌아왔다. 두 사람은 화해를 했고, 둘 사이에서 아들 하나와 딸 셋이 태어났다. 그러나 1652년에 Mary는 딸 Deborah를 낳다가 죽었고, 한 달 후에 아들 John 마저 죽었다.

Milton은 Mary가 죽은 후 이미 눈이 먼 상태로 Cromwell의 공화정에서 외국어장관직을 맡고 있었던 1656년 11월에 20세 연하의

Katherine Woodcuck과 재혼을 했다. 그러나 그 행복은 짧았다. 딸 Katherine이 태어났으나 이듬 해 초, 딸이 태어난 지 네 달도 채 못 되어 아이 엄마는 세상을 떠났고 딸도 그로부터 한 달 후에 죽었다. Milton은 1662년에 Elizabeth Mynshull과 세 번째로 결혼을 했다. 31살의 나이차에도 불구하고 Milton이 죽을 때까지 11년 이상 지속되었던 이 결혼생활은 비교적 행복했던 것으로 알려져 있다.

이 시는 아이를 낳은 지 얼마 안 되어 죽은 두 번째 아내 Katherine Woodcuck을 꿈에서 보고 난 후에 쓴 작품이다. 제목의 「그의 죽은 아내」(On His Deceased Wife)에서 '그'는 물론 Milton 자신을 말한다. 내용상 '나의 죽은 아내에 대한 시'(On My Dead Wife)라는 뜻인데, 이처럼 자신의 얘기를 하면서 3인칭을 쓰는 것은 제목을 객관화하여 표현하는 영시의 관습에 따른 것이다. 이것은 앞의 시 "On His Blindness"의 경우도 마찬가지이다.

Milton은 중요한 서사시들을 남긴 작가이지만, 개인적인 삶은 고난의 연속이었다. 실명(失明), 부인들과 자식들의 잇단 죽음은 그에게 커다란 좌절감을 맛보게 했다. 재혼으로 모처럼 마음을 붙이고 행복을 누리던 차에 안타깝게 세상을 떠나서 다시는 볼 수 없는 그의 아내에 대한 그리움은 꿈으로나마 그녀를 보고 싶도록 만들었을 것이다. 이 꿈을 실제로 꾸었는지 그렇지 않았는지는 중요치 않다. 죽음의 세계로 떠나 다시는 만날 수 없는 존재에 대해 그가 느꼈던 애타는 그리움은 Milton뿐만 아니라 모든 사람들이 경험하게 되는 보편적 감정이다.

이 시는 abba abba cdcdcd의 각운구조를 가진 14행의 소네트 형식으로 되어 있다. 첫 quatrain(제1-4행)에서는 꿈에서 자신의 죽은 아내를 본 듯하다고 말하면서, 그녀를 '성녀'(saint)로 지칭한다. '성녀'라고 말하는 것은 다음 비유에 나오듯, 그녀가 그리스신화에 나오는 Alcestis

처럼 자신에게 헌신적이었기 때문일 것이다. 따라서 그때 자신이 느낀 심정은 그리스신화에서 죽은 아내 Alcestis를 본 Admetus의 심정과 같다고 말한다. 신화에 의하면 태양신 Apollo는 과거에 받은 친절에 대한 감사표시로 Admetus에게 만일 그를 위해 대신 죽을 사람이 있으면 죽음을 면케 해주겠다고 약속했다. Admetus가 죽게 되었을 때 그는 노부모에게 대신 죽어달라고 부탁했지만 거절당했다. 그러나 그의 아내 Alcestis는 기꺼이 그 대신 죽어 저승으로 내려갔다. 그녀의 마음에 감동한 Heracles는 그녀를 다시 살려 지상에 데려다 주었다. 이 이야기는 고대 그리스 극작가 Euripides가 작품 *Alcestis*에서 극화함으로써 잘 알려졌으며, T. S. Eliot은 Euripides의 극을 현대적으로 각색하여 *The Cocktail Party*를 쓰기도 했다.

둘째 quatrain(제5-8행)에서 시인은 아내가 몸이 정결하게 되어 이미 천국에 들어간 사람처럼 보였다고 말한다. 옛 율법의 정결의식을 거쳐서 출산의 부정이 씻겼다고 말하는 것은 그의 아내가 출산한지 얼마 되지 않아 죽은 것과 관련이 있다. 이스라엘 민족은 여인이 아이를 낳으면 월경할 때와 마찬가지로 부정(不淨)하다고 생각했다. 성경에 의하면 남자아이를 낳으면 7일 동안 부정하고 그 후 33일이 지나야 산혈이 깨끗해지며, 여자아이를 낳으면 14일 동안 부정하고 그 후 66일이 지나야 산혈이 깨끗해진다고 생각했다. 그러니까 남자아이 혹은 여자아이를 낳은 산모는 총 40일 혹은 80일이 지나야 하는 것이다. 이 기한이 차면 산모는 번제(burnt sacrifice, 짐승을 태워서 바치는 제사)를 위하여 일 년 된 어린 양을 가져가고 속죄제를 위하여 집비둘기 새끼나 산비둘기를 제사장에게로 가져가서 속죄해야 비로소 정결해진다고 생각했다.

셋째 quatrain(제9-12행)에서는 아내가 '그녀의 마음처럼 순결한, 온통

하얀 옷을 입고 나타났다'고 말하는데, 이것은 앞 quatrain에서 언급한 천국의 이미지가 이어지는 부분이다. '그녀의 얼굴은 베일로 가려져 있었다'는 것은 일차적으로 그리스신화에서 Alcestis가 지상으로 다시 돌아왔을 때 베일을 쓰고 있었기 때문에 남편 Admetus가 그녀를 알아보지 못한 것에 관한 언급이다. 이것은 또한 Milton이 이미 실명한 상태로 Katherine과 결혼했기 때문에 실제로 아내의 얼굴을 볼 수 없었던 것과 관련된 언급이다. 그러나 시인은 상상의 눈을 통하여 아내의 '사랑, 상냥함, 선함'이 그녀의 몸으로부터 맑게 빛나는 것을 볼 수 있었다고 말한다. 그리고 그 얼굴에서 보이는 환희는 다른 어떤 사람의 얼굴에서도 보기 힘든 것이었다고 한다.

이 시의 반전은, 물론 예견되는 것이었지만, 마지막 2행(제13-14행)에서 나타난다. 아내가 자신을 안으려고 몸을 기울이는 찰나, 그는 잠에서 깨어나고 그녀는 달아나게 된다. 그래서 꿈을 깬 그에게는 다시 밤이 찾아왔다고 말한다. 이때 말하는 '밤'은 이중적인 의미를 갖는다. 이것은 그가 꿈속에서는 상상을 통해 아내를 보지만, 현실에서는 눈이 멀어 아무 것도 볼 수 없는 실명상태가 됨을 암시한다. 꿈을 꾸고 있을 때는 시력을 회복하지만, 오히려 깨어 있을 때는 시력을 잃게 되는 것은 참으로 아이러니컬한 일이다. 또한 이 말은 아내를 다시 볼 수 없는 시인의 심적 상태가 밤처럼 암울하고 슬프다는 뜻이다.

이처럼 이 소네트는 그리스신화와 성경을 언급하며 사랑했던 자기 아내가 정결하고 헌신적인 아내였음을 말하고 있다. 또한 아내가 생전의 삶이나 정결한 마음에 걸맞게 이미 천국에 들어갔음을 확신하면서 시인 자신을 위로하고 있는 시라고 할 수 있다. 그러나 이와 동시에, 아내를 다시 볼 수 없다는 생각 때문에 시인이 끝내 안타깝고 암담한 심정을 감추지 못하고 있는 시이기도 하다.

6 from *Paradise Lost*, Book I

Of man's first disobedience, and the fruit
Of that forbidden tree whose mortal taste
Brought death into the World, and all our woe,
With loss of Eden, till one greater Man
Restore us, and regain the blissful Seat,
Sing, Heavenly Muse, that, on the secret top
Of Oreb, or of Sinai, didst inspire
That Shepherd who first taught the chosen seed
In the beginning how the heavens and earth
Rose out of Chaos : or, if Sion hill
Delight thee more, and Siloa's brook that flowed
Fast by the oracle of God, I thence
Invoke thy aid to my adventrous song,
That with no middle flight intends to soar
Above the Aonian mount, while it pursues
Things unattempted yet in prose or rhyme.
And chiefly Thou, O Spirit, that dost prefer
Before all temples the upright heart and pure,
Instruct me, for Thou know'st; Thou from the first
Wast present, and, with mighty wings outspread,
Dove-like sat'st brooding on the vast Abyss,
And mad'st it pregnant : what in me is dark
Illumine, what is low raise and support;
That, to the height of this great argument,
I may assert Eternal Providence,
And justify the ways of God to men.

주석

2] that forbidden tree: 선악을 알게 하는 나무(「창세기」 제2장 17절 참조).
mortal: deadly(치명적인).

4] one greater Man: The Messiah, Christ, the second Adam.
6] Heavenly Muse: 모세(Moses)에게 영감을 주었던 것과 같은 성령(Holy Spirit).
7] Oreb: 다음 행에 나오는 '목자(That Shepherd)인 모세는 호렙(Horeb)산 혹은 그 줄기인 시내(Sinai)산에서 하느님으로부터 십계명을 받는 것으로 되어 있다(「출애굽기」 제3장 1절, 제19장 20절; 「신명기」 제4장 10절 참조).
8] chosen seed: The people of Israel(「출애굽기」 제19-20장 참조).
9] in the beginning: 「창세기」와 「요한복음」의 서두도 이렇게 시작된다.
10] Sion: 그리스신화에서 시신 Muse들이 사는 곳으로 되어 있는 파르나서스(Parnassus)산 대신, Milton은 기독교적 문맥에 맞게 시온(Sion)산과 실로암(Siloa, Siloam) 시냇물을 언급하고 있다.
out of Chaos: 정통기독교에서는 하느님이 이 세상을 무(無)에서(ex nihilo) 창조한 것으로 되어 있으나 Milton은 혼돈에서 창조된 것으로 보고 있다. 혼돈의 개념은 Hesiod와 Platon철학의 영향이다(특히 티마이오스 *Timaeus*). 또한 Milton은 단원론자(monist)로서 만물은 하느님으로부터 창조되었다고 생각한다.
12] Fast by: Close by.
oracle: 고대 그리스의 신탁, 신탁소. 여기서는 신전(shrine) 혹은 예루살렘 성전의 지성소(the holy of holies in the Israelite temple)를 의미한다.
13] adventrous Song: 이 작품의 서두는 Virgil의 *Aeneid*나 Homer의 *Odyssey*의 서두와 유사하다. Milton은 자신이나 자신이 쓴 서사시가 고대 서사시인들이나 그들이 쓴 서사시와 같은 반열에 오르기를 바라고 있다.
15] Aonian Mount: 시신들이 산다는 Aonia에 있는 헬리콘(Helicon)산.
17] Spirit: the Holy Spirit.
18] the upright heart and pure: the upright and pure heart.
20] Wast: Wert. 주어가 thou일 때 쓰이는 be의 제2인칭 단수 직설법 과거.
21] Dove-like: 성령(Holy Spirit)은 비둘기의 형상으로 묘사된다(「마태복음」 제3장 16절; 「마가복음」 제1장 10절; 「요한복음」 제1장 32절 등 참조).
22] pregnant: Milton은 성령이 혼돈과 성적(性的)으로 결합하는 것으로 상상하고 있다.
dark: 다음 행의 'illumine'과 대비되는 말로서, Milton의 실명(失明)을 암시.
24] argument: theme.
25] Eternal Providence: God.

인간의 태초의 거역과, 그 금단의
열매, 그 치명적 맛이
세상에 죽음과 온갖 재앙을 가져오고
에덴을 잃게 하더니, 마침내 더 위대하신 분이
우리를 구원하시고 낙원을 회복하게 하셨으니,
노래해 주시오, 천상의 뮤즈시여, 호렙산
혹은 시내산의 은밀한 산꼭대기에서,
그 목자에게 영감을 불어넣어 태초에 천지가 혼돈으로부터
어떻게 솟아나게 되었는지를 처음으로 선민에게
가르치게 했던 그대, 혹시 시온산과
신전 가까이 흐르는 실로암의 시냇물이
더 즐거우시다면, 거기에서
내 모험적인 노래를 도와주시기를 기원하나이다.
아오니아산 위로 가장 높이
일찍이 산문이나 운문으로 다룬 적이 없는
그런 것들을 쫓아 날아오르려는 내 노래를.
그리고 특히 그대, 아, 어떤 신전보다도
올곧고 순결한 마음을 더 좋아하시는 성령이시여,
나를 가르치소서, 그대는 아시니. 그대는
태초부터 계셨고, 힘센 날개를 펼쳐
비둘기처럼 광막한 심연을 품고 앉아
이를 잉태하게 하셨나이다. 내 속의 어둠을
밝히시며, 낮은 것을 높이시고 떠받들어 주소서.
이 큰 주제의 뜻하는 높이까지
내가 영원한 섭리를 주장하여

인간에 대한 신의 길이 정낭함을 보여줄 수 있도록.

7 작품분석

대표적인 문학적 서사시 중의 하나인 Milton의 *Paradise Lost*는 전체가 12권으로 구성된 무운시(blank verse)이다. 인용된 제1권의 서두 부분은 하느님에 대한 인간의 태초의 거역과 그 결과로 나타난 낙원상실이라는 작품 전체의 주제를 제시한다. 그 거역은 「창세기」에 기록된 것과 같이 아담과 이브가 사탄의 유혹에 빠져 지혜의 나무 열매를 따먹은 일을 말한다. 첫 행에서 시인은 아담과 이브가 지은 죄의 결과를 '금단의 열매'(the fruit/ Of that forbidden tree)라고 표현한다. 이때 이 '열매' 라는 말은 선악을 알게 하는 나무의 열매(Eve's apple)를 뜻하는 동시에 그 거역이 초래한 결과'(consequences of eating it)를 뜻하는 이중적 의미를 갖는다. 시인은 이 원죄가 인간의 죽음과 낙원의 상실을 가져왔다고 주장한다. 그러나 마침내 제2의 아담인 그리스도가 오셔서 인간을 구원하고 낙원을 회복하게 만드셨다고 말한다.

시인은 서사시의 전통에 따라 뮤즈를 부르며 자신이 이 높은 주제를 제대로 표현할 수 있게 해달라고 기원한다. 여기에서 시인에게 영감을 주는 뮤즈는 그리스 시인들에게 영감을 주었던 헬리콘산(제15행 'the Aonian mount')에 사는 뮤즈가 아니라 모세에게 영감을 주었던 기독교적인 뮤즈, 즉 성령이다. Milton이 뮤즈를 부르는 것은 두 가지 의미를 갖는다. 일단은 그가 Homer나 Virgil 같은 그리스와 로마 시인들이 이룩해 놓은 서사시적 기법과 전통을 잘 인식하고 있으며, 그 전통의 일부가 되기를 바란다는 뜻이다. 그러나 성경에 영감을 주고 세상을 창조했던 뮤즈인 성령을 부름으로써 그는 단순히 Homer와 Virgil

의 반열에 끼는 것 이상의 일을 하겠다는 점을 분명히 한다. 이것은 대단히 야심찬 결의이다. 그는 '아오니아산 위로 가장 높이' 날아오르며 여태까지 산문이나 시로 시도된 적이 없는 것들을 노래하겠다고 말한다. 아오니아산 위로 가장 높이 날아오르겠다는 말은 자신이 고대의 서사 시인들보다 더 위대한 서사시를 쓰겠다는 뜻이다. Milton의 서사시가 그들의 것을 뛰어넘음을 수 있는 것은 그의 작품이 보다 인간에게 근본적이고 중요한 주제들을 다룰 것이기 때문이다.

동시에 그는 하느님의 은총에 의지함으로써 자신의 과업을 성취할 수 있을 것이라고 생각하며 자신을 낮춘다. 그래서 성령에게 자기 속에 있는 '어둠을 밝히고, 낮은 것을 높이며 떠받들어 달라'고 기원한다. 시인은 성령이 태초부터 존재하면서 비둘기처럼 광막한 심연을 품고 앉아 만물이 태어나도록 만들었고 천지창조의 원리를 비롯한 모든 중요한 것들의 비밀을 알고 있다고 생각한다. 그는 성령의 도움으로 신의 '영원한 섭리를 주장하여/ 인간에 대한 신이 길이 정당함을 보여주기를' 바라고 있다. 따라서 이 서사시의 인용된 부분에는 시인 자신의 야심과 겸손함, 선배 시인들에 대해 표하는 경의와 신의 영광을 위해 그들을 뛰어넘겠다는 의지가 동시에 나타난다고 할 수 있다.

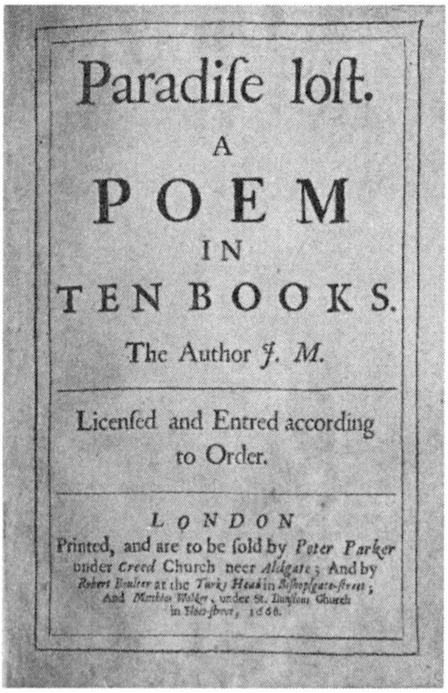
Paradiſe loſt.
A
POEM
IN
TEN BOOKS.
The Author J. M.
Licenſed and Entred according to Order.
LONDON
Printed, and are to be ſold by Peter Parker under Creed Church neer Aldgate; And by Robert Boulter at the Turks Head in Bishopsgate-street; And Matthias Walker, under St. Dunstons Church in Fleet-street, 1668.

Andrew Marvell
(1621–1678)

1 작가의 생애와 작품경향

Marvell은 Yorkshire의 Hull시에서 영국국교회 성직자의 아들로 태어났다. 그는 12살의 나이에 Cambridge대학 Trinity College에 들어갔다. 16살 때는 Marvell의 시 두 편이 Cambridge시 선집에 실리기도 했다. 그는 1639년 학사학위를 딴 후 석사학위를 위해 계속 Trinity College에 남아 있었다. 그러나 1641년 돌연 아버지가 강 하구에서 익사하는 사고가 일어난 후 그는 학문을 포기했다.

MISCELLANEOUS
POEMS
BY
ANDREW MARVELL, Esq;
LONDON,

Marvell은 1642년에 유럽대륙으로 여행을 떠나 영국에 내란이 있던 1640년대에는 줄곧 대륙에 머물러 있었다. 그는 이때 네덜란드어와 프랑스어, 이탈리아어, 스페인어를 익히게 되었다. 귀국한 후 1650년대 대부분의 기간 동안 Marvell은 가정교사생활을 했다. 처음에는 Cromwell과의 불화로 물러난 의회군 총사령관 Thomas Fairfax 장군 딸의 가정교사가 되어 Appleton House에서 머물렀고, 그 다음에는 Cromwell의 사위가 된 William Dutton의 가정교사를 했다. 가정교사생활을 하던 시기에 그는 "Upon Appleton House" "The Garden" 등 대부분의 서정시와 목가적 전원시들을 써냈다.

1657년에는 Milton의 라틴어담당 비서관이 되어 일을 했고, 1660년부터는 자신의 고향 Hull시의 국회의원이 되어 죽을 때까지 봉직했다. 왕정복고 등 정치적으로 불안정했던 시기에 Marvell은 거의 글을 출판하지 않았다. 그러나 법원과 의회를 풍자하고 비판하는 일을 서슴지 않았다. 특히 그는 정치력을 발휘해 왕정복고 후 수감되어 있던 Milton을 구명해 내기도 했다. 1660년대 초반에는 네덜란드와 러시아, 스웨덴, 덴마크 등에 외교적 임무를 띠고 파견되기도 했다. Marvell은 1678년 열병으로 급사했는데, 그가 비판한 대상 중의 하나였던 제수이트 교단에서 독살했다는 소문이 전하기도 한다.

Marvell의 시집은 조카의 노력으로 그가 죽은 지 3년 후인 1681년에 *Miscellaneous Poems*라는 제목으로 출판되었다. 특이한 점은, 자신을 Marvell의 부인인 'Mary Marvell'로 자처하는 여자가 시집의 서문을 썼는데, 사실 그녀는 가정부 Mary Palmer였다. 이런 일을 꾸민 것은 채권자들로부터 그의 재산을 지키기 위해서였다고 한다.

2 To His Coy Mistress

Had we but world enough, and time,
This coyness, lady, were no crime.
We would sit down, and think which way
To walk, and pass our long love's day.

Thou by the Indian Ganges' side
Shouldst rubies find; I by the tide
Of Humber would complain. I would
Love you ten years before the Flood,
And you should, if you please, refuse
Till the conversion of the Jews.
My vegetable love should grow
Vaster than empires and more slow;
An hundred years should go to praise
Thine eyes, and on thy forehead gaze;
Two hundred to adore each breast,
But thirty thousand to the rest;
An age at least to every part,
And the last age should show your heart.
For, lady, you deserve this state,
Nor would I love at lower rate.

But at my back I always hear
Time's wingéd chariot hurrying near;
And yonder all before us lie
Deserts of vast eternity.
Thy beauty shall no more be found,
Nor, in thy marble vault, shall sound
My echoing song; then worms shall try
That long-preserved virginity,
And your quaint honor turn to dust,
And into ashes all my lust;
The grave's a fine and private place,
But none, I think, do there embrace.

Now therefore, while the youthful hue
Sits on thy skin like morning dew,
And while thy willing soul transpires
At every pore with instant fires,
Now let us sport us while we may,
And now, like amorous birds of prey,

Rather at once our time devour
Than languish in his slow-chapped power.
Let us roll all our strength and all
Our sweetness up into one ball,
And tear our pleasures with rough strife
Thorough the iron gates of life:
Thus, though we cannot make our sun
Stand still, yet we will make him run.

주석

0] coy: distant, cool.
mistress: 여기서는 어떤 남자의 애인이 아닌 구애의 대상이 되는 여인을 말함.
1] Had we: If we had.
but: only.
2] coyness: modesty, coquetry, reluctance. 겉으로 조신한 체하는, 내숭을 떤다는 의미가 포함됨.
were: would be. 가정법의 주절 부분.
4] long love's day: 사랑을 하는데 주어지는 한 세기처럼 엄청나게 긴 하루.
6] rubies: 루비는 처녀성을 지켜 준다는 속설이 있다.
7] Humber: Marvell의 고향인 Hull시를 흐르는 강.
8] the Flood: the Deluge(대홍수, 노아의 홍수).
10] the convergence of the Jews: 최후심판 직전에 유태인들이 개종한다고 한다.
18] heart: she would respond at the end of time.
19] state: dignity, pomp, lofty position.
20] at lower rate: less than you deserve; more cheaply.
24] Desert of vast eternity: eternal death.
26] vault: grave, tomb.
27] try: test, for they are like phalluses.
29] quaint: fastidious, dainty, prim.
30] honor: chastity(정조).
31] fine and: very.
32] embrace: 성행위에 대한 암시.
34] dew: 원래의 텍스트에는 'glew'('glow'의 의미)로 되어 있었다.
35] transpires: breathes forth, gives off.
36] instant fires: fires of passion; immediate, present enthusiasm.
35-36] thy willing soul … instant fire: her coyness cannot prevent her amorous spirit from showing in her flushed

face(그녀의 발그레한 얼굴에서 사랑하는 영혼이 나타나는 것을 수줍음이 막을 수 없다).

37] sport : disport, play, copulate, enjoy.

40] slow-chapped : i.e., slow-devouring jaws. Time is envisaged as slowly chewing up the world and the people in it.

41-42] Let us roll … into one ball : pomander(향료알)의 비유. T. S. Eliot의 "The Love Song of J. Alfred Prufrock" 92-93행 참조 : 'To have squeezed the universe into a ball/ To roll it toward some overwhelming question'(우주를 압착해서 하나의 공으로 만들어/ 엄청난 문제를 향해 굴리는 것).

44] thorough : through.

45-46] make our sun/ Stand still : 성경, 「여호수아서」 제10장 12-13절 참조 : 여호수아는 기브온족(Gibeon)과의 전투에서 팔을 들어 태양을 멈추게 했다. 'Then spoke Joshua to the Lord in the day when the Lord delivered up the Amorites before the children of Israel, and he said in the sight of Israel, Sun, stand thou still upon Gibeon; and thou, Moon, in the valley of Ajalon. /And the sun stood still, and the moon stayed, until the people had avenged themselves upon their enemies'(주께서 아모리인을 이스라엘 자손 앞에 넘겨 주시던 날에 여호수아가 주께 고하였으니 그가 이스라엘의 목전에서 말하기를, "태양아, 너는 기브온 위에 머무르고, 달아, 너는 아야론 골짜기에 머무르라" 하자 태양이 멈추고 달이 머물렀으니 백성이 그 원수에게 원수를 갚기까지 하였느니라). 또한 그리스신화 참조 : Zeus는 Alcmene와의 사랑의 밤을 연장시키기 위해 태양을 멈추게 했다.

　우리에게 충분한 세계와 시간이 있다면,
여인이여, 이 수줍음은 죄가 되지 않을 것이오.
우리는 앉아서, 어느 길을 걸을지를
생각하고, 우리의 긴 사랑의 나날을 보낼 것이오.
그대는 갠지스 강변에서
루비를 찾을 것이고, 나는 험버강의
강물 옆에서 애처로운 사랑의 노래를 부를 것이오. 나는
노아의 홍수 십년 전부터 그대를 사랑하고
그대도 마음대로, 유대인들이 개종하는

세상 끝 날까지 내 사랑을 거부할 것이오.
식물 같은 내 사랑은 뭇 제국들보다 더 방대하고
더 천천히 자랄 것이오.
그대의 두 눈을 찬미하고 이마를 찬찬히 살피는데
백 년을 쓸 것이고,
양 젖가슴을 숭배하는 데에 이백 년,
나머지 부분에 삼만 년을 쓸 것이오.
적어도 몸 한 부분에 한 시대를 써야 하지요.
그리고 마지막 시대에는 그대가 마음을 보여 주어야지요.
여인이여, 그도 그럴 것이 당신은 이런 지위에 합당하고
나 또한 값싸게 사랑을 하지는 않을 것이기 때문이오.

그러나 언제나 내 등 뒤에서 나는
시간의 날개달린 전투마차가 급박하게 다가오는 소리를 듣소.
그리고 저기 우리 앞에
광대한 영원의 사막이 놓여 있소.
그대의 아름다움은 더 이상 찾을 길 없을 것이고
또한 그대의 대리석 무덤에서는 메아리치는 내 노래 소리도
울리지 않을 것이오. 그때 벌레들이
오래 보존되었던 그대의 처녀성을 맛볼 것이며,
그대의 괴이한 정조는 흙으로 변하고
내 욕정은 재로 변할 것이오.
무덤은 아주 은밀한 곳이지만
내 생각에는 거기서 껴안는 사람은 아무도 없을 것 같소.

자, 그러니까, 젊은 혈색이
아침이슬처럼 그대의 살갗에 돌고

사랑을 원하는 그대의 영혼이 몸의 모든 구멍에서
급박한 불꽃을 내뿜는 동안에,
이제 놀 수 있을 때 놀아봅시다.
그리고 사랑을 하는 맹금(猛禽)처럼, 천천히 아가리를 움직이는
시간의 세력 아래서 시름시름하기보다는
지금 차라리 우리의 시간을 즉시 먹어치웁시다.
우리의 모든 힘과 모든 아름다움을 굴려 뭉쳐서
공으로 만들고
거세게 투쟁하며 인생의 철문에서
쾌락을 탈취해 냅시다.
그러므로 태양을 멈추게 할 수는 없지만
오히려 우리는 태양을 달리게 만들 것이오.

3 작품분석

이 작품에서 화자는 어떤 여인에게 인생의 유한성을 상기시키며 지금 젊음을 즐기자고 설득하고 있다. carpe diem의 주제를 다룬 영시 중에서 가장 체계적이고 논리적인 시라고 해도 좋을 것이다. 화자는 일종의 삼단논법(syllogism)을 통해 자신의 논리를 전개하고 있다. 만일('Had we …') 세상에 시간이 충분하다면 자신은 몇 만 년 동안이라도 얼마든지 여인에게 구애를 계속할 것이다(첫 section). 그러나('But …') 인생은 짧고 죽음이 앞에서 기다리고 있다(둘째 section). 그러므로('Therefore …') 수줍어하지 말고 젊었을 때 즐기자(셋째 section)라는 식이다.

첫 section은 내용 전체가 하나의 가정에 근거하고 있다. 그 가정이

란 인간에게 충분한 시간과 공간이 주어진다는 것이다. 화자는 인생이 그렇게 거의 무한하다면, 여인이 자신의 사랑을 받아들이지 않고 마냥 수줍음을 떨어도 문제되지 않을 것이라고 말한다. 그리고 자신들이 어떤 길을 걸으며 엄청나게 긴 사랑의 날을 보낼지 여유 있게 천천히 생각해도 좋을 것이라고 한다. 여인이 멀리 떨어진 인도의 거대한 Ganges강가에서 처녀성의 상징인 루비를 찾고 있는 동안, 자신은 고향 Hull시의 작은 Humber강가에서 사랑을 이루지 못함을 애달파 할 수 있을 것이라고 한다. 그는 두 사람이 떨어져 있을 경우에 자신이 처하게 될 상황을 묘사함으로써 여인으로부터 동정심을 유발해 내려는 듯이 보인다. 그러나 시간과 공간의 제약이 없는 이상적 세계에서는 연인과 떨어져 있는 거리는 문제가 되지 않는다는 뜻이기도 하다. 그는 이런 과장된 비유를 시간적으로도 확장하여, 자신들이 노아의 홍수가 있기 십 년 전부터 사랑을 시작하고, 최후심판직전 유태인들이 개종할 때까지 여인이 자신의 사랑을 받아들이지 않을 수도 있을 것이라고 말한다. 그런 이상적 세계에서는 시간이 아무리 흘러가도 사랑을 약화시킬 수 없다. 그들의 식물 같은 사랑은 인류역사상 존재했던 어떤 제국보다 광대하며, 더 오래간다고 한다. 인간에게 그렇게 엄청난 시간이 주어진다면, 그는 여인을 찬미하는데 몇 천 년, 몇 만 년을 쓸 용의가 되어 있다. 그래서 여인의 눈을 찬미하고 이마를 바라보는데 100년, 양쪽 젖가슴을 찬미하는데 200년을 쓰고, 나머지 부분을 찬미하는데 3만년을 쓸 것이라고 한다. 그러니까 신체 한 부분에 적어도 한 시대 정도는 할애한다는 것이다. 왜냐하면 이 여인은 충분히 그럴 자격이 있고, 자신도 그에 합당한 경의를 표할 자세가 되어 있기 때문이다.

인간에게 주어진 시간과 공간이 무한하다는 가정은 망상에 불과하다는 사실이 바로 이어지는 section에서 강조된다. 시간은 막을 수 없는 전투마차처럼 날개를 달고 인간을 뒤쫓아 오고 있고, 앞에는 영원한 죽음의 사막이 기다리고 있다. 시간과 공간이 동시에 인간을 압박하는 상황이 제시되고 있는 것이다. 인생은 죽으면 끝이 되니, 여인의 아름다움도 사라져버릴 것이고, 무덤 속에서는 그가 부르는 구애의 노랫소리도 더 이상 들리지 않을 것이다. 그 대신, 벌레가 오랫동안 지켜온 그녀의 처녀성을 맛볼 것이며, 그녀의 까다로운 정조는 흙으로 변하고 여인을 향한 그의 욕망의 불도 꺼져서 재만 남게 될 것이라고 한다. 인간이 죽어서 묻히는 무덤은 아주 은밀한 곳이지만, 거기서는 아무도 사랑을 나눌 수가 없다.

마지막 section에서는 인생은 그렇듯 유한한 시간과 공간에 쫓기게 되므로 죽음이 다가오기 전에 사랑하고 즐기자고 여인에게 강력하게 요구한다. 이제는 여인에게 애원하는 투가 아니다. '자, 그러니까 … 놀아봅시다'는 것은 이제 여인이 충분히 설복되어 자신에게 넘어왔다는 자신감에서 나온 표현이다. '사랑을 원하는 그대의 영혼'(thy willing soul)이라는 구절 또한 여인 자신도 내심 둘의 육체적인 사랑을 원하고 있는 게 아니냐는 뜻이다. 그래서 피부 혈색이 아름답고 온 몸에서 열정의 불꽃을 뿜어내는 젊은 한 때 제대로 놀아보자고 말한다. 천천히 인생을 잡아먹는 시간을 오히려 먹어치우고, 함께 모든 힘과 아름다움을 쏟아 사랑의 결정을 만들며 인생으로부터 쾌락을 얻어내자고 설득한다. 그래서 인간이 시간을 멈추게 할 수는 없지만, 시간이 흘러가도 좋을 만큼 적극적으로 사랑을 하여 오히려 시간을 지배할 수 있도록 하자는 것이다.

그런데, 이 시가 의존하고 있는 논리는 정확히 말하자면 삼단논법이라고 할 수는 없다. 이 시의 논리는 '인간에게 충분한 세계와 시간이 있다면 여인의 수줍음은 죄가 되지 않을 것이다. 그러나 인간에게 충분한 세계와 시간이 주어지지 않는다. 그러므로 여인의 수줍음은 죄가 된다'라는 식이다. 혹은 '인간에게 충분한 세계와 시간이 있다면 서두르지 않고 천천히 오랜 시간에 걸쳐 사랑해도 상관없다. 그러나 인간에게 충분한 세계와 시간이 주어지지 않는다. 그러므로 지금 젊었을 때 사랑을 해야 한다'라는 식이다. 첫 번째의 '여인의 수줍음은 죄가 된다'라는 결론은 상식적으로 맞지 않다. 그것은 '인간에게 충분한 세계와 시간이 있다면 여인의 수줍음은 죄가 되지 않을 것이다'라는 대전제 자체가 잘못되었기 때문이다. 인생에 시간이 충분치 않기 때문에 젊었을 때 사랑을 해야 한다는 두 번째의 논리와 결론은 아무런 문제가 없는 것처럼 보이지만 이것 또한 잘못되어 있다. 첫 번째 논리와 마찬가지로 소위 '전건 부정의 오류'를 범하고 있기 때문이다. 인생에 시간이 충분치 않다고 해서 반드시 젊었을 때 사랑을 해야만 하는 것은 아니다. 그럼에도 불구하고 이 시의 화자는 시간의 유한성을 강조하면서(이 시에는 'time'이라는 단어가 각 section의 중요한 대목에서 계속 언급된다), 여인을 그럴싸한 자신의 논리 속으로 끌어들여 효과적으로 설득하는 것으로 보인다.

Henry Vaughan
(1621–1695)

1 작가의 생애와 작품경향

Vaughan은 Wales의 Breconshire에서 태어났다. 1638년에 쌍둥이 형제와 함께 Oxford대학에 입학했으나, 1640년에 Oxford를 떠나 Inns of Court(법학원)에서 법률 공부를 시작했다. 이 무렵에 그는 시를 쓰기 시작했다. 그의 법률공부는 내란으로 인해 중단되었는데, 그는 이때 왕의 편에 섰다. 1642년에는 판사 Lloyd의 비서로 일했지만, 법률을 포기하고 결국 의사가 되었다.

그는 고향에 대한 애착이 강했고, 자신을 고대 로마군에 맞서 싸웠던 남부 Wales의 Celt족 이름을 따서 'Silurist'(실루리아인)라고 불렀다. Vaughan에게는 아들 하나와 딸 셋이 있었는데, 1647년에는 가족을 데리고 고향으로 내려갔다. 그곳에서 그는 네 편의 산문 번역과 함께 세속적 성향의 시들을 담은 *Olor Iscanus*(아스

크의 백조, 1651)라는 작품을 썼다. 아스크는 그의 고향 근처를 흐르는 강의 이름으로, 이 시집은 '자연의 아름다움에 대한 광시곡적인 표현들'(rhapsodic passages about natural beauty)을 담고 있었다.

Vaughan은 영적인 각성을 얻은 후, 이전의 세속적인 작품을 사악한 것으로 생각했다. 대표작으로 알려진 *Silex Scintillans*(불꽃 튀는 부싯돌, 1650-1655)는 종교적인 변화를 가져온 그의 영적 체험을 보여주는 작품집으로서, 제목은 돌 같은 심장을 하느님이 쳐서 불꽃이 일게 한다는 의미이다. 이 시집의 서문에서 스스로 밝혔듯이, 그의 종교시는 Herbert의 시집 *The Temple*이 결정적인 영향을 미친 것으로 알려져 있다. 형이상학파 시인 중의 하나인 Vaughan의 시는 이렇듯 자신과 하느님과의 사적인 관계를 주로 다루고 있다.

2 The Retreat

Happy those early days! when I
Shined in my angel infancy.
Before I understood this place
Appointed for my second race,
Or taught my soul to fancy aught
But a white celestial thought;
When yet I had not walked above
A mile or two from my first love,
And looking back, at that short space,
Could see a glimpse of his bright face;
When on some gilded cloud, or flower
My gazing soul would dwell an hour,
And in those weaker glories spy
Some shadows of eternity;
Before I taught my tongue to wound

My conscience with a sinful sound,
Or had the black art to dispense
A several sin to every sense,
But felt through all this fleshly dress
Bright shoots of everlastingness.
　O how I long to travel back,
And tread again that ancient track!
That I might once more reach that plain
Where first I left my glorious train,
From whence th' enlightened spirit sees
That shady city of palm trees.
But, ah! my soul with too much stay
Is drunk, and staggers in the way.
Some men a forward motion love;
But I by backward steps would move,
And when this dust falls to the urn,
In that state I came, return.

주석

1] Happy those early days!: Happy (were) those early days!
2] in my angel infancy: 천사와 같은 동심에서, 천사와 접촉을 하던 어린 시절에.
3] this place: this world.
4] my second race: 이 생애, 지상의 삶. Vaughan은 전생을 믿음.
6] But: except.
white: pure.
8] my first love: 하느님을 지칭함.
13] those weaker glories: i.e. of nature. 구름이나 꽃은 지상의 것이고, 하느님의 그림자에 불과하기 때문이다.
spy: recognize.
14] shadows: images, reflections.
17] the black art: 제6행의 'white, celestial thought'과 반대되는 사악한 지식.
dispense: distribute.
18] several: separate, different.
19] this fleshly dress: this body.
20] Bright shoots of everlastingness: 영원성의 빛나는 싹((영혼의

불멸에 관한 언급임)).
21] I long to travel back: 어린 시절로 다시 돌아가고 싶다. 제21-22행은 이 작품의 제목과 관련되는 구절.
23] that plain: 성경, 「신명기」 제 34장 3절 참조. 'the plain of the valley of Jerico, the city of palm trees'(제26행)는 모세가 Pisgah산 꼭대기에서 본 종려나무의 도시 Jerico. 그곳은 약속된 땅이면서 동시에 천국의 상징.
24] my glorious train: 영광스런 (천사들의) 무리.
27] stay: delay in this world. 지상의 삶.
28] drunk: (with sin).
31] this dust: this body.

행복했었네, 어린 시절엔! 내가
천사와 같은 동심으로 빛났던 그때.
나의 두 번째 행로로 정해진
이곳을 이해하기 전이었고,
내 영혼에게 새하얀 천상의 생각 말고
딴 것을 상상하도록 가르치기 전이었지.
그때는 내 첫 사랑으로부터
한 두 마일도 채 걸어가지 않았을 때로,
뒤돌아보며, 지척에서
그의 빛나는 얼굴을 힐끗 볼 수 있었지.
어떤 황금빛 구름이나 꽃에
내 응시하는 영혼이 한 시간이나 머물러
더 약한 그 영광 속에서
영원의 그림자를 보았지.
그때는 사악한 소리로 양심을 상처내도록
내 혀를 가르치거나,
모든 감각기관에 제각각 죄를
할당하는 검은 술수를 갖기 전,

이 온 육체의 옷을 통해
영원성의 빛나는 싹을 느꼈던 때였지.
　아 나는 여행길을 되돌아가
옛 길을 얼마나 다시 밟고 싶은지!
그래서 그 들판에 다시금 다다르고 싶은지.
그곳은 내가 맨 처음 영광스런 무리를 떠났던 곳,
거기에서 깨친 영혼은
그늘진 종려나무의 도시를 보지.
아 그러나 내 영혼은 너무 오래 지상에 머물러
취한 채 도중에서 비틀거린다.
어떤 이는 앞으로 나아가길 좋아하지만
나는 뒷걸음질하고 싶다.
그래서 이 육신이 유골단지에 담길 때면
내가 왔던 상태로 돌아가고 싶구나.

3 작품분석

이 시는 William Wordsworth의 "Ode : Intimations of Immortality from Recollections of Early Childhood"의 원형이 된 작품으로, Wordsworth의 시와 마찬가지로 인간의 전생에 관한 믿음을 기초로 하고 있다. 인간의 영혼은 전생에 하느님과 함께 순수의 빛 속에서 살고 있었지만 육신을 입고 태어나 이 세상을 살아가면서 죄악으로 점점 타락하게 된다. 어린 시절은 전생에서 멀리 떨어지지 않은 때라 아직 전생의 순수성을 지니고 있는 시기라는 것이다. 이 작품의 첫머리에 나오는 '행복했었네, 어린 시절엔! 내가/ 천사와 같은 동심으로 빛났던 그때'(제1-2행)라는 표현은 천사들처럼 하느님의 품에서 멀리 떨어지지 않았던 어린 시절에 대한 동경을 나타내고 있다.

어린 시절은 인간의 '첫 사랑'(제7행)이었던 하느님으로부터 멀리 떨어지지 않았던 때로, '지척에서/그의 빛나는 얼굴을 힐끗 볼 수'(제9-10행) 있었다. 또한 하느님이 창조하신 구름이나 꽃 같은 자연물 속에서 '영원의 그림자'(제14행)를 볼 수 있었던 시절이다. 인간에게 전생이 있기 때문에 이 지상에서의 삶은 '두 번째 행로'(제3행)가 되는 셈이다. 그러나 현재의 삶은 '새하얀 천상의 생각'(제5행)을 멀리하도록 만들며, '사악한 소리로 양심을 상처내도록/ 내 혀를 가르치거나,/ 모든 감각기관에 제각각 죄를/ 할당하는 검은 술수를'(제15-18행) 갖게 만들 뿐이다.

결국 인간은 살아갈수록 어린 시절의 순수한 기억에서 멀어지고 타락해 간다. 그래서 이 시의 화자는 인생의 '여행길을 되돌아가/ 옛 길을 다시 밟고'(제21-22행) 싶어한다. 그러나 이미 '너무 오래 지상에 머물러'(제27행) 죄로 취한 상태이다. 그는 전진하는 대신 뒷걸음질하여 어린 시절로, 혹은 그 이전의 순수한 전생의 상태로 돌아가고 싶어 한다. 그러나 인간이 나이를 거꾸로 먹으며 어린 시절로 돌아가는 것은 불가능한 일이다. 인간은 원하든 원치 않든 시간이 흘러감에 따라 앞으로 나아갈 수밖에 없다. 이 시의 마지막은 이런 난관을 벗어날 수 있는 단 하나의 가능성을 제시한다. 하느님과 교감을 나누던 순수한 상태로 돌아가는 것은 죽음으로써만 가능하다. 그래서 그는 '육신이 유골단지에 담길 때'(제31행), 이 지상에 왔었던 그 상태로 되돌아가고 싶다고 말할 수 있을 뿐이다.

Edmund Waller
(1606–1687)

1 작가의 생애와 작품경향

Edmund Waller는 Hertfordshire에서 부유한 지주의 아들로 태어나, Eton과 Cambridge대학 King's College를 졸업했다. 그는 16세의 어린 나이에 하원의원이 된 유명한 연설가였다.

1631년 25세의 나이에 Waller는 Anne Banks라는 런던의 부유한 상속녀와 결혼했지만, 그녀는 결혼한지 3년 만에 세상을 떠났다. 그 후 Waller는 Lady Dorothy Sidney와 Lady Sophia Murray에게 구혼했지만 성공하지 못하고, 1644년에 Mary Bracey(혹은 Breaux)라는 여자와 재혼을 했다.

정치적 혼란기인 1640대에 Waller는 왕당파와 의회파 사이에서 중간적 입장을 유지하고 있었다. 그러다가 1643년에 의회파들을 몰아내고 국왕 Charles 1세를 위해 런던을 탈환한 음모를 꾸미다가 체포되어 의회에 끌려 나갔다. Waller는 자신의 죄를 자백하고 선처를 구하여 10,000파운드의 벌금을 물고 풀려나 국외로 추방되었다. 그러나 사실 뇌물을 제공하고 공범자를 밀고함으로써 가능한 일이었다. Waller는 파리에 살면서 때때로 이탈리아와 스위스를 여행하기도 했다. 마침내 1652년에 귀국이 허용되어 영국으로 되돌아왔다. 그는 1655년에 "Panegyrick to my Lord Protector"(나의 호국경에게 바치는 찬가)라는 Cromwell을 찬미하는 시를 썼다. 그러다가 1660년 왕정복고가 이루어지자 Waller는 새로 왕이 된 Charles 2세 편에 서서 "To the King, Upon His Majesty's Happy Return"(폐하의 다행스런 복위에 대해 왕께 드리는 시)이라는 국왕복위를 환영하는 시를 썼다. 이런 Waller의 이중적 태도는 그의 도덕성을 충분히 의심케 한다.

Waller는 재기가 넘치는 유명 시인으로, 그의 시들은 1645년에 *Poems*라는 시집으로 출판되기 전까지 오랫동안 원고 형태로 돌아다녔다. Waller의 후기 작품들은 시집 *Divine Poems*(1685)와 사후에 나온 *The Second Part of Mr. Waller's Poems*(1690)에 실려 있다. Waller는 heroic couplet(영웅시형 2행연구) 형태의 시를 세련되게 다듬는데 공을 많이 들인 시인으로서, 끊임없는 조탁 작업의 결과로 나온 그의 시들은 Dryden과 Pope 등의 18세기 시인들의 높은 평가를 받았다. Alexander Pope는 Waller를 '장인'(master)으로 불렀으며, *Biographia Britannica*(1766)에서는 '영국이 낳은 가장 저명한 서정시인'(the most celebrated lyric poet that ever England produced)이라고 평가했다. 그러나 그 이후 그의 인기는 기울었고, 오늘날에는 그를 주로 "Go, Lovely Rose"나 "On a Girdle"과 같은 시로 기억하고 있다.

2 Go, Lovely Rose

Go, lovely rose!
Tell her that wastes her time and me
That now she knows,
When I resemble her to thee,

How sweet and fair she seems to be.

Tell her that's young,
And shuns to have her graces spied,
That hadst thou sprung
In deserts, where no men abide,
Thou must have uncommended died.

Small is the worth
Of beauty from the light retired;
Bid her come forth,
Suffer herself to be desired,
And not blush so to be admired.

Then die! that she
The common fate of all things rare
May read in thee;
How small a part of time they share
That are so wondrous sweet and fair!

주석

4] resemble: compare.
8] hadst thou sprung: if thou hadst sprung.
10] uncommended died: died uncommended.
16-18] she/ The common fate of all things rare/ May read in thee: she may read the common fate of all rare things in thee.

가라, 사랑스런 장미여!
자신의 시간과 나를 낭비하는 그녀에게 말해다오,
이제는 알게 되었는지,
내가 그녀를 너에게 비길 때
그녀가 얼마나 사랑스럽고 아름답게 보이는가를.

자신의 우아한 모습을 보이기 꺼리는
젊은 그녀에게 말해다오,
만일 네가 사람이 없는
사막에서 피어났더라면
틀림없이 사람들의 칭송을 받지 못한 채 죽었으리라는 것을.

빛에서 물러서 있는
아름다움의 가치는 적으니
그녀에게 나와서
사랑받기를 허락하고
찬미 받는 걸 수줍어하지 말라고 해다오.

그리고 나서야 죽어라! 그녀가
모든 희귀한 것들의 공통된 운명을
너로 인하여 알 수 있도록,
놀랍도록 사랑스럽고 아름다운 것들이 누리는
시간이 얼마나 짧은지를!

3 작품분석

전체 4연에 ababb의 각운구조를 가진 오행시련 (cinquain, quintet)으로 된 이 시는 아내를 잃고 혼자 지내고 있던 Waller의 구혼을 끝내 거절했던 Lady Dorothy Sidney를 염두에 두고 쓴 작품으로 알려져 있다. 첫 연에서 시인은 자신이 사랑하는 여인에게 말을 전해 달라고 장미에게 부탁한다. 여인은 그의 사랑을 받아들이지 않음으로 해서 자신의 시간을 낭비하고 그를 애태우게 하는 사람이다. 여기에서 '나를 낭비한다'(wastes.. me)는 말은 그의 애를 태워 피폐하게 만든다는 뜻이다. 전통적으로 여인의 아름다움은 흔히 장미에 비유되어 왔는데, 여기에서도 마찬가지로 장미에 비유될 때 그녀 자신이 얼마나 사랑스럽고 아름다운 존재인지 알 것이라고 말한다.

둘째 연에서는 자신의 우아한 모습을 보이기를 꺼려하는 그녀의 태도를 사막에서 피었다가 보는 이 없이 시드는 아름다운 꽃에 비유한다. 보아주고 칭찬해 주는 사람이 없는 꽃은 아무리 아름다워도 소용없는 것이니, 그녀에게 자신의 모습을 드러내기를 주저하지 말라고 하고 있다.

셋째 연에서도 비슷한 표현이 나온다. '빛에서 물러나 있는/ 아름다움의 가치는 적다'는 말은 스포트라이트(spotlight)를 받지 못하는 아름다움, 사람들의 시선을 받지 못하는 아름다움은 가치를 충분히 발휘할 수 없다는 뜻이다. 그래서 그는 그녀가 자신이 욕망하는('desired') 대상이 되기를 허락('suffer')하고, 찬미 받는다고 해서 수줍어하며 얼굴을 붉히지('blush') 말라고 한다. 여기에서 'suffer'라는 말은 이중적 의미가 있는 것으로 보인다. 이 말은 여인이 그의 사랑을 받는 것을 '허용한다'(allow)는 의미와 동시에 그것이 그녀를 '고통스럽게'(distressed)할지 모른다는 의미가 있다. 또한 그녀에게 얼굴을 붉히지 말라고 하는 말은 모순적으로 느껴지기도 한다. 얼굴을 붉힌다는 것은 그녀의 얼굴에 있는 홍조를 말하는 것으로서, 이것은 그녀가 붉은 장미처럼 젊고 아름답다는 의미이다. 얼굴을 붉히지 못하는 상태가 되면 그녀는 붉은 장미와 같지 않게 된다. 따라서 얼굴을 붉히지 말라고 하는 것은 이제 홍조가 얼굴에서 사라져버린 상태, 늙음을 암시하는 것이기 때문이다.

마지막 연에서는 여인에게 말을 전해주는 임무가 끝나고 나면 장미에게 죽으라고 말한다. 장미에 비유되는 여인의 아름다움은 장미가 그렇듯 그 아름다움이 짧다는 의미 또한 함축되어 있다. 첫 연에서 나왔던 '낭비하다'(wastes)는 말은 여기에서 그런 아름다운 장미가 결국 맞게 되는 소진함, 황폐함, 죽음의 이미지로 연결된다. 그렇게 아름답던 장미가 죽는 것을 보면, 장미같이 아름다운 그녀도 '모든 희귀한 것들의 공통된 운명'을 알게 되리라고 생각한다. 즉, 이 지상에서 '사랑스럽고 아름다운 것들이 누리는/ 시간이 얼마나 짧은지를' 그녀가 알게 될 것이라고 생각하는 것이다. 그렇게 되면 그녀는 더 이상 그가 내미는 구애의 손길을 뿌리치지 않을 것이기 때문이다.

Waller는 왕당파 시인들(Cavalier poets)의 전통에 따라 여인에게 직설적으로 말을 하고 있다. 여기에서 여인은 페트라르카 풍의 시들이 그러하듯 남자가 절대 도달할 수 없는 어떤 정결한 천상의 여인 같은 존재로 묘사되고 있는 것이 아니라, 마음속에서 갈등하고 주저하며, 수줍음 때문에 남자에게 질책을 받는 그런 평범한 존재이다.

이 시는 Waller 당대의 다른 유명한 두 시인 Robert Herrick의 "To the Virgins, to Make Much of Time"(1648)과 Andrew Marvell의 "To His Coy Mistress"(1681)와 같은 carpe diem 주제를 사용하고 있다. 이 주제를 위해 사용하는 아름다움과 젊음의 덧없음을 상징하는 장미의 비유는 carpe diem 주제의 시들이 흔히 사용하는 것으로서, 그런 점에서 보면 이 시는 조금은 상투적이다. 다만 장미를 의인화시켜 자신의 메신저, 자신과 여인의 중간 다리처럼 만들고 있다는 점은 흥미롭게 느껴진다.

왕정복고 및 18세기

(The Restoration and the Eighteenth Century -신고전주의 시대: 1660-1798)

John Dryden

Alexander Pope

Thomas Gray

John Dryden
(1631–1700)

1 작가의 생애와 작품경향

왕정복고기의 대표적 시인이며 극작가, 비평가인 Dryden은 Northamptonshire의 Aldwinkle에서 출생했다. Westminster School과 Cambridge대학의 Trinity College를 거친 후 Dryden은 Cromwell치하의 국무경(Secretary of State)이었던 John Thurloe와 함께 일하며 공화정을 지지했다. 1658년에는 John Milton, Andrew Marvell 등의 청교도 시인들과 함께 Cromwell의 장례식에 참석했고, 그 이듬해에 Cromwell을 찬미하는 시 "Heroic Stanzas to the Glorious Memory of Cromwell"을 발표했다.

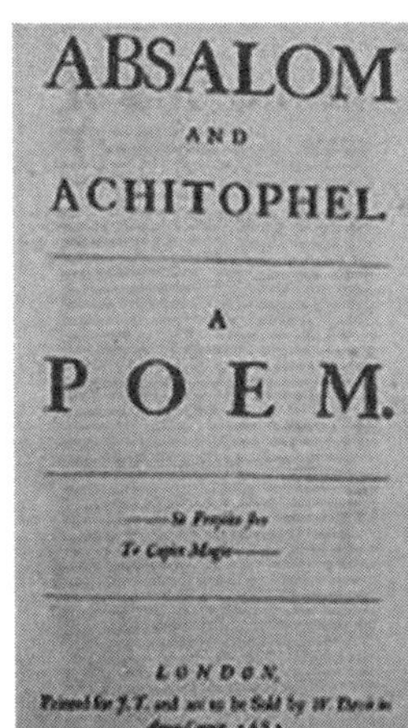

그러나 1660년 왕정복고가 이루어지자 Dryden은 Charles 2세(1660-1685재위)의 치정을 찬미하고 Cromwell 정부에 관여했던 자신의 행위에 대해 사죄하는 내용을 담은 시 *Astraea Redux*(정의의 여신의 복위, 1660)를 발표했다. 1663년에는 국왕파 Robert Howard의 누이인 Elizabeth Howard와 결혼했다.

Dryden의 첫 희곡 *The Wild Gallant* (1663)는 인기를 얻지 못했으나, Robert Howard경과 합작한 *The Indian Queen* (1664)과 이어 나온 *The Indian Emperor* (1665)와 *Secret Love* (1667)는 성공을 거두었다. 또한 그는 *An Essay of Dramatic Poesy*(극시론, 1668)를 발표하여 비평가로서도 중요한 업적을 남겼다.

런던으로 진출한지 10년 만에 극작가로서 명성을 굳힌 Dryden은 사망한 William Davenant의 뒤를 이어 1668년에 계관시인으로 임명이 되었다. 그는 *Tyrannic Love* (포악한 사랑, 1669), *The Conquest of Granada by the Spaniards* (스페인의 그라나다 정복, 1670) 등의 비극을 쓴 후, 1672년에는 희극 *Marriage A-la-Mode*(현대식 결혼)를 발표했다.

그는 풍자시에도 눈을 돌렸는데, 그 중에는 왕위계승 문제를 둘러싸고 Charles 2세 편을 유리하게 할 목적으로 쓴 *Absalom and Achitophel*(압살롬과 아히도벨, 1681), 동시대 문인인 Thomas Shadwell을 풍자하는 *Mac Flecknoe* (플렉크노 2세, 1682) 등이 유명하다.

Dryden은 영국국교회를 옹호하는 *Religio Laici*(평신도의 종교, 1682)를 발표했으나, 가톨릭교도인 James 2세(1685-1688재위)가 즉위하자 가톨릭으로 개종한 후 영국국교회를 비난하고 가톨릭교를 옹호하는 *The Hind and Panther*(암사슴과 표범, 1687)라는 작품을 발표했다.

계관시인의 지위는 종신제의 성격을 가지고 있으나, 1688년 명예혁명에 의해 왕위에 오른 William 3세(1689-1702재위)와 Mary 2세(1689-1694재위)에 의해 Dryden은 전왕 James 2세에 대한 충성을 이유로 계관시인의 지위를 유일하게 박탈당한 시인이 되었다. 그는 1700년에 죽어 St. Anne's Cemetery에 묻혔다가 10년 후에 Westminster사원의 시인묘역으로 이장되었다.

2 A Song for St. Cecilia's Day

1

From Harmony, from heavenly Harmony
This universal frame began :
When nature underneath a heap
Of jarring atoms lay
And could not heave her head,
The tuneful voice was heard from high,
"Arise, ye more than dead."
Then cold, and hot, and moist, and dry
In order to their stations leap,
And Music's power obey.
From Harmony, from heavenly harmony
This universal frame began :
From harmony to harmony
Through all the compass of the notes it ran,
The diapason closing full in Man.

2

What passion cannot Music raise and quell!
When Jubal struck the corded shell
His listening brethren stood around,
And, wondering, on their faces fell
To worship that celestial sound.
Less than a god they thought there could not dwell
Within the hollow of that shell
That spoke so sweetly and so well.
What passion cannot Music raise and quell!

3

The trumpet's loud clangour
Excites us to arms,
With shrill notes of anger

And mortal alarms.
The double double double beat
Of the thundering drum
Cries "Hark! the foes come;
Charge, charge, 'tis too late to retreat."

4

The soft complaining flute
In dying notes discovers
The woes of hopeless lovers,
Whose dirge is whispered by the warbling lute.

5

Sharp violins proclaim
Their jealous pangs and desperation,
Fury, frantic indignation,
Depths of pains, and height of passion
For the fair disdainful dame.

6

But oh! what art can teach,
What human voice can reach
The sacred organ's praise?
Notes inspiring holy love,
Notes that wing their heavenly ways
To mend the choirs above.

7

Orpheus could lead the savage race,
And trees unrooted left their place
Sequacious of the lyre :
But bright Cecilia raised the wonder higher :
When to her Organ vocal breath was given
An angel heard, and straight appeared,

Mistaking earth for heaven.

GRAND CHORUS

As from the power of sacred lays
The spheres began to move,
And sung the great Creator's praise
To all the blest above;
So when the last and dreadful hour
This crumbling pageant shall devour,
The trumpet shall be heard on high,
The dead shall live, the living die,
And music shall untune the sky.

주석

1] Harmony: 조화, 혹은 화음(和音).

3] nature: 세상. 하느님이 chaos로부터 창조한 자연, 우주. Dryden은 서로 싸우는 4원소('jarring atoms')로 구성된 것으로 생각한다.

6] high: heaven.

8] cold, and hot, and moist, and dry: 만물을 구성하는 4원소인 earth(土), fire(火), water(水), air(氣)가 본래 가지고 있는 성질로서, 여기에서는 4원소의 의미로 쓰임.

15] diapason: 전음역(全音域).

17] Jubal: 성경에 나오는 harp와 organ의 발명자. 「창세기」 제4장 20-21절 참조: 'Adah gave birth to Jabal; he was the father of those who live in tents and raise livestock. / His brother's name was Jubal; he was the father of all who play stringed instruments and pipes'(아다가 낳은 야발은 장막에서 살며 양을 치는 목자들의 조상이 되었고 / 그의 아우 유발은 거문고를 뜯고 퉁소를 부는 악사의 조상이 되었으며). Dryden은 그의 harp가 거북잔등('the corded shell')으로 만들어졌다고 생각하고 있다.

33] complaining: lamenting, moaning, weeping(구슬픈 소리를 내는, 슬퍼하는).

36] dirge: monody, lament(만가, 장송곡).

46] wing: fly, soar(날다, 솟구치다).

47] mend: supplement.

48] Orpheus: 그리스 신화에 나오는 시의 신 Calliope의 아들로, 음악가이며 시인이다. 그가 연주하면 야생동물도 얌전해지고, 그의 음악을 들으러 나무와 풀들이 뿌리를 뽑고 춤을 추며 뒤를 따랐다

고 한다.

50] sequacious of : following.

53] straight: immediately.

55] lays: songs. a short narrative or poem.

60] This crumbling pageant: (최후의 심판 때의) 무너지는 이 세상. 세상을 야외극, 가장행렬에 비유한 것.

61] trumpet: 죽은 자들의 부활과 최후의 심판을 알리는 나팔소리. 「고린도 전서」 제15장 52절 참조.

1

화음으로부터, 하늘의 화음으로부터
우주의 틀이 생겨났느니
세상이 서로 다투는
원자들의 더미에 깔려
고개를 들 수 없었을 때,
하늘에서 아름다운 가락의 목소리가 들려왔다.
"일어나라, 죽은 자들보다 더 죽어 있는 것들이여."
그러자 흙과 불과 물과 공기가
질서 있게 곧장 각각 제 자리로 가서
음악의 힘에 순종한다.
화음으로부터, 하늘의 화음으로부터
우주의 틀이 생겨났느니
화음에서 시작해서 화음으로 끝나며
모든 음계를 거치고는
인간창조에 이르러 전음계가 완성되었다.

2

음악이 부추길 수 없고 가라앉힐 수 없는 감정이 어디 있으랴!
유발이 거북껍질에 맨 현을 울렸을 때

형제들은 둘러서서 귀를 기울이고
놀라워하며 머리를 조아려
그 거룩한 소리에 경배를 드렸다.
그렇게 감미롭고 그렇게 능숙한 소리를 내는 걸 보고
거북껍질 속에는
신이 살고 있을 수밖에 없다고 그들은 생각했다.
음악이 부추길 수 없고 가라앉힐 수 없는 감정이 어디 있으랴!

3

트럼펫의 드높은 울림은
분노의 날카로운 선율과
무서운 경고로
우리를 무장하게 한다.
둥 둥 둥 둥 울리는
천둥치는 북소리는 외친다.
"들어라! 적이 온다.
공격, 공격. 퇴각하기에는 너무 늦었다."

4

부드럽게 구슬픈 소리를 내는 플룻은
꺼져가는 선율로
절망적인 연인들의 슬픔을 드러내고,
떨리는 류트는 연인들에 대한 애가를 부른다.

5

날카로운 바이올린은 표현한다,

아름답고 오만한 아가씨에 대한
연인들의 질투의 고통과 절망,
격분과 광적인 분노,
깊은 고통과 높은 열정을.

6

그러나 아! 성스런 오르간의 찬송을
어떤 예술이 가르칠 수 있으며
어떤 인간의 목소리가 따를 수 있으랴?
성스런 사랑을 고취시키는 선율,
하늘로 날아올라가
천상의 찬양대를 보충해 주는 그 선율을.

7

오르페우스는 야생동물을 이끌 수 있었고,
나무들은 뿌리를 뽑고 제자리를 떠나
그 리라 소리를 쫓아갔다.
그러나 빛나는 세실리아는 더 큰 기적을 일으켰다.
그녀의 오르간이 연주되기 시작했을 때
천사 하나가 듣고는 곧바로 나타났다
땅을 하늘로 잘못 알고.

대합창

신성한 노래의 힘에 의해
천체들이 움직이기 시작하여
천상의 모든 축복받은 이들에게

위대한 창조주의 찬미가를 불렀듯이
최후의 두려운 시간이
이 무너져가는 세상을 집어삼킬 때,
트럼펫 소리가 높은 곳에서 들리고
죽은 자는 살고 산 자는 죽으며,
음악이 하늘의 조화를 깨뜨릴 것이리라.

3 작품분석

St. Cecilia는 로마의 초기기독교 여자 순교자로서, 전통적으로 오르간의 발명자이며 음악의 수호성인으로 여겨졌다. 그녀의 축일은 11월 22일로, 영국에서는 런던의 한 음악협회 주관으로 그녀를 기념하는 음악회를 매년 개최했다. 그녀에게 바쳐지는 ode(頌歌)가 음악으로 작곡되어 연주되는 이 음악회는 1683년부터 시작되어 20년간 계속되었다. 그 ode의 내용은 보통 음악의 힘에 대한 찬사와 오르간을 발명한 St. Cecilia에 대한 찬미로 이루어진다. 그 중에서 유명한 것들로는 Dryden의 "A Song for St. Cecilia's Day"(1687)와 10년 뒤에 나온 그의 더 길고 정교한 "Alexander's Feast"(1697)가 있다. Dryden은 이 음악회를 위한 ode작자로 초대되는 시인들 가운데 가장 선호되는 인물 중의 하나였다. "A Song for St. Cecilia's Day"에 붙인 곡들은 몇 개가 되는데, 최초로 작곡한 사람은 이탈리아 작곡가 Giovanni Draghi였지만, 1739년에 Handel이 작곡한 작품이 더 잘 알려져 있다.

Ode for St. Cecilia's Day

Soprano Aria: The soft complaining Flute

G. F. Handel (1685-1759)

첫 연에서 Dryden은 음악에 의해 이 우주가 혼돈상태에서 벗어나 질서를 잡은 것으로 묘사하고 있다. 음악이 우주 창조와 질서의 원리라는 생각은 Pythagoras에서 기원하는 것으로, Dryden이 익숙했던 로마의 시인 Lucretius와 Ovid가 작품에서 썼던 관념이기도 하다. Dryden은 무생물로부터 하느님의 최종 창조물인 인간에 이르기까지 Great Chain of Being(존재의 사슬)으로 연결되어 있다고 생각하고 있다. 첫 연의 마지막 부분은 음계에서 음의 단계적 상승이 피조물의 등급의 단계적 상승과 유사하다는 생각을 표현하고 있다. 이것들은 모두 조화 혹은 화음에서 생기는 것으로, 하느님의 창조행위는 모든 음이 화음을 이루는 상태를 나타내는 것이다.

둘째 연은 이 시의 주제인 여러 가지 감정을 일으키는 음악의 힘을 설명하는 둘째 연부터 여섯째 연까지의 도입부로서의 역할을 동시에 한다. 첫 연에서 만물창조라는 거대한 우주적 사건의 기본원리로서 음악의 힘을 언급했다면, 이제는 그런 음악의 힘이 구체적으로 신의 최종 피조물인 인간의 감정들을 어떻게 불러일으키고 가라앉히는지를 설명하는 것이다. 이런 주제는 17세기 문학작품에서 흔히 다루어졌던 것으로, 시인은 이 연에서 그 원형적 인물로 성경에 나오는 유발을 등장시킨다. 유발은 거북이 등에 줄을 매어 만든 현악기를 연주함으로써 듣는 이들로 하여금 그 악기 속에 신이 깃들어있다고 생각하게 만들었다는 것이다.

Dryden은 특히 각 연에서 언급된 악기들의 음색을 언어적 표현을 통하여 묘사하면서, 악기들이 인간에게 일으키는 여러 가지 감정들을 나열하고 있다. 셋째 연에서는 트럼펫과 드럼이 전쟁에서의 용기를, 넷째 연에서는 플룻과 류트가 사랑의 슬픔을, 다섯째 연에서는 바이올린이 질투와 분노를, 여섯째 연에서는 오르간이 신성한 종교적 감정을 불러일으킨다고 한다. 그런데, 여기에서 모든 악기가 평등한 관계로 다루어지고 있는 것은 아니다. 왜냐하면 St. Cecilia가 발명한 것으로 알려진 오르간이 아니고는 어떤 악기나 어떤 인간의 목소리도 천상의 합창대에 어울릴만한 음악을 만들어낼 수 없다고 생각하고 있기 때문이다.

St. Cecilia의 오르간 음악의 우월성은 일곱 째 연의 Orpheus와의 비교에서 특히 잘 드러난다. 그리스 신화에서 Orpheus의 음악은 야생동물도 얌전하게 만들고, 심지어 초목들까지 그 음악을 듣기 위해 뿌리를 뽑고 따르게 했다고 한다. 그럼에도 불구하고 St. Cecilia의 오르간 음악은 더 놀라운 기적을 이루었는데, 그 까닭은 천사가 이 지상을 하늘로 잘못 알고 찾아올 지경이 되었기 때문이다. Dryden이 존재의 사슬에서의 모든 존재의 상하 위계를 믿듯이, 인간이나 동물, 식물들에게 영향을 주는 음악보다는 천사와 같은 천상의 존재에게 영향을 미칠 수 있는 음악이 더 우월하다고 생각하고 있는 것 같다.

이 시의 결미에 해당되는 대합창은 성경에 나오는 최후의 심판 때의 트럼펫 소리에 대한 언급으로 끝난다. 음악 혹은 화음이 혼돈으로부터 이 우주를 탄생시키고 질서를 만들어 주었던 것과는 반대로, 최후에는 우주의 화음이 깨짐으로써 다시 혼돈이 올 것이라고 말한다. 결국 음악이 우주의 시작과 끝을 만들고 알리는 기본 원리가 된다는 것이다.

Alexander Pope
(1688-1744)

1 작가의 생애와 작품경향

Augustan Age로 불리는 영국 신고전주의 시대 전성기인 18세기 전반 문단의 중심적 인물이었던 Alexander Pope는 런던의 가톨릭교도 집안에서 태어났다. 당시는 반가톨릭적인 분위기가 팽배하여 가톨릭교도는 대학교육을 받거나 공직에 나갈 수 없었고, 런던에서 10마일 이내에 거주하는 것도 금지되었다. Pope집안은 1700년경 그 규정에 따라 런던을 떠나 Binfield (Berkshire)로 이주했다. Pope의 어린 시절 교육은 가톨릭교의 영향을 받았다. 가톨릭계 학교는 불법이기는 했으나 몇 곳에서 허용되었다. Binfield로 이사한 이후의 Pope의 교육은 집에서 독학으로 이루어졌다.

THE
DUNCIAD,
VARIORVM.
WITH THE
PROLEGOMENA of SCRIBLERUS.
LONDON.
Printed for A. DOD. 1729.

Pope는 척추결핵을 앓아 이미 10대 초반에 등이 굽어 꼽추가 되었고, 성인이 되어서도 신장이 4피트 6인치(약 137cm) 밖에 되지 않았다. 게다가 심한 두통을 앓아 격렬할 때는 거의 책을 볼 수 없었으며, 근육과 관절의 통증, 호흡곤란 때문에 말을 탈 수도 없었고 심지어 걷기조차 힘들어 했다.

Pope가 문단에 알려지기 시작한 것은 William Wycherley에 의해서였다. 1704년 Pope가 16세가 되던 해에 그의 초기시에 강한 인상을 받은 Wycherley가 Pope를 런던의 문단에 소개했다. 대중들의 관심은 1709년 그가 *Pastorals*(목가)를 출판하면서 시작되었다. 이어서 Pope는 운문으로 된 *An Essay on Criticism*(비평론, 1711)을 발표했는데, 20대 초반에 나온 이 작품은 약 20년 뒤에 나온 *An Essay on Man*(인간론, 1733-4)과 더불어 Pope의 기지가 돋보이는 격언적 시구들을 많이 가지고 있는 작품이다. 특히 그는 의사영웅시(mock epic)인 *Rape of the Lock*(머리채의 겁탈, 1712)을 통해 당대의 주도적 시인으로 자리를 잡게 되었다.

Pope는 Homer의 *Iliad*(1715-20)와 *Odyssey*(1725-6)를 번역하여 대중들의 엄청난 인기를 얻으면서 경제적으로도 성공을 거두어 귀족들의 후원 없이 생계를 유지할 수 있는 최초의 시인이 되었다. 만년에는 풍자시와 서간체의 시를 주로 썼는데, *The Dunciad*(바보열전, 1728)는 당대의 시인과 학자, 출판업자들을 조롱한 작품으로, 그의 풍자적 능력이 여실히 드러나는 걸작이다. Pope는 친밀한 관계를 가졌던 Swift와 Gray를 제외하고 거의 모든 당대문인들을 적으로 삼아 공격했다. 죽을 때까지 계속 시를 썼던 그는 1744년 Twickenham에서 56세의 나이로 세상을 떠났다.

2 from *An Essay on Criticism*

'Tis hard to say, if greater want of skill
Appear in writing or in judging ill;
But, of the two, less dangerous is the offence
To tire our patience, than mislead our sense.
Some few in that, but numbers err in this,
Ten censure wrong for one who writes amiss;
A fool might once himself alone expose,
Now one in verse makes many more in prose.
'Tis with our judgments as our watches, none
Go just alike, yet each believes his own.
In Poets as true Genius is but rare,
True Taste as seldom is the Critic's share;
Both must alike from Heaven derive their light,
These born to judge, as well as those to write.
Let such teach others who themselves excel,
And censure freely who have written well.
Authors are partial to their wit, 'tis true,
But are not Critics to their judgment too?

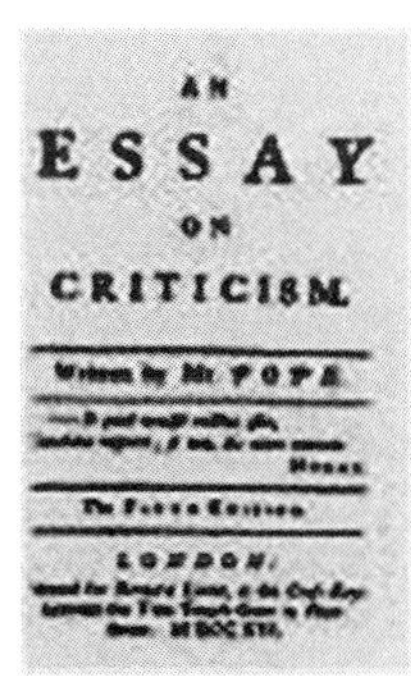

주석

1] want: lack.

1-2] if … or … : whether … or …

2] writing … judging: 'writing'은 창작을, 'judging'은 비평을 말한다.

3-4] the offence/ To tire our patience: 우리의 인내심을 지치게 하는 잘못. 즉, 나쁜 창작.

4] mislead our sense: the offence to mislead our sense. 우리의 감각(판단력)을 오도하는 잘못. 즉, 나쁜 비평.

5] Some few in that, but numbers err in this: Some few err in writing ill, but a number of people err in judging ill. 글을 잘못 쓰는 사람들은 조금 있지만, 비평을 잘못하는 사람들은 부지기수다.

6] censure: criticize, judge.
8] one in verse makes many more in prose: one fool in verse makes many more fools in prose. 바보 같은 시인(창작자) 한 사람이 바보 같은 비평가 여럿을 만든다.
9] 'Tis with our judgments as our watches: 우리는 시계에 대해 그러는 것처럼 비평을 대해서도 그렇게 한다.
9-10] none/ Go just alike, yet each believes his own: 똑 같이 돌아가는 시계는 없지만, 각자는 자기 시계가 맞는다고 믿는다.
11-12] In Poets as true Genius is but rare,/ True Taste as seldom is the Critic's share: As true Genius is but rare in Poets, So seldom is the True Taste in Critics(진정한 천재가 시인들에게 드물 듯이, 진정한 감식력이 비평가들에게 드물다).
15] Let such teach others who themselves excel: who의 선행사는 such. 스스로 뛰어난 자들이 다른 사람들을 가르치게 하라.
16] censure freely: let such censure others freely.
17] wit: 여기서는 '기지, 창조력'의 뜻.
18] are not Critics to their judgment too?: are not Critics partial to their judgment too? partial: biased or prejudiced(편파적인, 편애하는).

기술의 부족이 더 잘 드러나는 것이
잘못된 창작에서인지, 잘못된 비평에서인지는 말하기 힘들다.
하지만 둘 중에서 덜 위험한 것은
우리의 판단을 오도하는 잘못보다 우리의 인내심을 지치게 하는 잘못이다.
창작에서 잘못을 범하는 사람은 소수이지만, 비평에서는 부지기수이다.
한 사람이 글을 잘못 쓰면 열 사람이 그릇된 비평을 한다.
전에는 바보가 자기 자신만 바보인 것을 드러냈지만
지금은 시에서의 한 사람의 바보가 산문에서의 더 많은 바보들을 만들어낸다.
우리의 비평은 시계와 같아서, 똑같이 가는 것은
하나도 없지만, 각자는 자기 시계가 정확하다고 생각한다.

시인 중에 진정한 천재가 드문 것처럼
진정한 감식력이 비평가의 몫이 되는 것도 드물다.
시인과 비평가 모두 하늘에서 빛을 받아
시인이 글쓰기 위해 태어나듯이 비평가들은 비평하기 위해 태어나야 한다.
스스로 뛰어난 자들이 다른 사람들을 가르치게 하며
글을 잘 쓰는 자들이 다른 사람들을 자유롭게 비평하게 하라.
작가들이 자신의 창조력에 대해 편파적인 것이 사실이듯,
비평가 역시 자신의 비평에 대해 편파적이지 않겠는가?

3 작품분석

Pope의 *An Essay on Criticism*(비평론)은 그가 21세 때인 1709년에 쓰고 1711년에 출판한 작품이다. 대표적 고전주의 문학론 중의 하나인 이 시는 heroic couplets(영웅시격, 영웅시형 2행연구) 형식으로 되어 있다. Heroic couplets은 약강5보격(iambic pentamer)의 운율에 각운을 이루는 2행연구(couplets)로 된 시형식으로, 서사시와 같은 장시에서 주로 쓰는 형식이다.

이 작품에 대한 비판 중의 하나가 독창적이지 못하다는 것인데, Pope 자신도 독창적인 글로서보다는 여러 작가들의 견해를 모아 자기 시대의 비평가들에게 일종의 가이드라인을 제시하려고 했던 것으로 보인다. 그에게 영향을 준 작가들은 고대 로마 시인 Horace, 수사학자인 Quintilian, 영국의 시인 Ben Jonson, John Dryden 등이다. Pope가 주장하는 핵심 중의 하나는 '먼저 자연을 따르라'(First follow Nature)는 것으로서, 이때 말하는 '자연'은 우리가 시각적으로 볼 수 있는 강

이나 산, 동물, 식물 등의 외적 자연이 아니라, 인간의 본질, 보편적 인간성 등을 의미한다. 말하자면 문학은 무엇보다도 삶의 보편적 진리를 밝히고 제시해야 한다는 것이다.

Pope의 *An Essay on Criticism*은 총 744행의 세 부분으로 구성되어 있다. 제1부(제1-200행)에서는 대립적인 여러 문학적 견해들을 아우를 수 있는 통합적인 체계를 제시하며, 제2부(제201-559행)에서는 그릇된 비평의 원인들을 분석하고, 제3부(제560-744행)에서는 훌륭한 비평가의 특징을 제시하고 과거의 위대한 비평가들을 찬미하고 있다.

제1부는 비평가가 저지르는 실수들을 묘사함으로써 시작한다. Pope는 나쁜 비평의 악영향은 나쁜 시보다 더 해롭기 때문에 비평가가 문학작품을 비평할 때는 주의를 기울여야 하며 겸손해야 한다고 주장한다. 비평가가 자신만의 독특한 기준으로 재능 있는 시인을 잘못 비판할 수 있지만, 비평가가 시기심이 없고 정직하다면, 훌륭한 비평가가 될 수 있다는 것이다. Pope는 자기 시대의 비평가들이 자연의 법칙을 따름으로써 시를 이해할 수 있었던 그리스인들을 본받아야 한다고 말한다.

제2부에서는 비평가들이 잘못된 판단력을 갖게 되는 원인 중에 으뜸이 자만심(pride)라고 말한다. 이것을 피할 수 있는 방법은 자신의 잘못과 한계를 아는 것이다. 또한 비평가는 과거의 대시인들로부터 전해 내려오는 관례를 잘 연구해야 한다. 그러나 동시에 비평가들이 어떤 규칙과 관례의 노예가 되지 않도록 주의해야 하며, 어

떤 작가의 인기가 그 작가의 작품을 평가하는데 영향을 미치지 않도록 해야 한다고 말한다.

제3부에서는 비평가들이 반드시 가져야할 덕목으로서 다시금 겸손과 깊은 연구의 중요성을 강조한다. 특히 자연을 따르는 작가와 비평가들을 깊이 연구할 필요가 있다고 말한다. 또한 그리스 시대 이후 문학과 비평가들의 성쇠를 설명하며, 그리스인들과 로마인들이 이룩한 높은 문학적 이해를 그 이후 시대가 따라가지 못했지만, 이제 자기 시대가 따라가기 시작했다고 말한다.

위에 인용된 부분은 이 작품의 첫머리이다. Pope는 먼저 작가의 기술 부족이 잘못된 창작에서 잘 나타나는지 잘못된 비평에서 잘 나타나는지 알기 어렵다고 말한다(제1-2행). 그러나 '우리의 인내심을 지치게 하는 잘못'인 서툰 창작보다 '우리의 판단을 오도하는 잘못'인 서툰 비평이 훨씬 위험하다는 것이다(제3-4행).

그는 또 '창작에서 잘못을 범하는 사람은 소수이지만, 비평에서는 부지기수'로서, '한 사람이 글을 잘못 쓰면 열 사람이 그릇된 비평을 한다'고 말한다(제5-6행). 말하자면 '시에서의 한 사람의 바보가 산문에서의 더 많은 바보들을 만들어낸다'(제8행), 즉 한 사람의 잘못된 시인은 많은 잘못된 비평가를 만들어낸다는 것이다. 이 부분은 어쩌면, 비평의 중요성보다 창작의 중요성을 말하는 것으로 보인다. 잘못된 창작자 한 사람만 있어도 그보다 더 많은 잘못된 비평가들을 만들어내기 때문이다.

Pope는 또한 비평은 제각각이지만 모든 비평가는 자기 비평이 정확하다고 생각한다고 말한다. 그는 이것을 사람들이 각기 가지고 있는 시계에 비유해서, 시계는 '똑같이 가는 것은/ 하나도 없지만, 각자는 자기 시계가 정확하다고 생각한다'고 말한다(제9-10행). 그는 또 진정한 천재 시인이 드문 것처럼, 진정한 감식력을 가진 비평가도 드물며(제11-12행), 그러기 위해서는 '하늘에서 빛을 받아야 하며,' 시인처럼 비평가들도 타고나야 한다(제13-14행)고 주장한다.

다음으로 Pope는 뛰어난 자들이 사람들을 가르쳐야 하며, 글을 잘 쓰는 사람들이 비평을 해야 한다(제15-16행)고 말한다. 이것은 창작을 못하는 사람이 비평가가 된다는 당시 18세기의 관념에 반대되는 말로서, 나쁜 작가는 좋은 비평가가 될 수 없다는 것이다. 인용 마지막 부분에서는 시인들과 마찬가지로 '비평가 역시 자신의 비평에 대해 편파적'(제17-18행)일 수밖에 없다는 점을 지적하고 있다.

비평은 사후적 행위이다. 문학작품이 있고 나서 그것에 대한 비평이 따라 나오게 된다. '창작과 비평'이지, '비평과 창작'은 일반적 관념에 부합되지 않는다. 비평이 먼저 있고 그것에 따라 창작이 나오게 된다면, 그런 창작품은 어떤 주장이나 비평이론에 맞추는 도식적인 작품이 될 수밖에 없을 것이다. 어쨌든 창작과 비평의 선후 관계 때문에도 일반적으로 창작이 비평에 비해 그 중요성이나 작가의 천재성이 더 많이 요구되는 것으로 생각되어 왔던 것이 사실이다. 그러나 Pope는 이런 생각을 바꾸어 놓는다. 진정한 시인 못지않게 진정한 비평가에게도 천부적인 재능이 필요하며, 글을 못 쓰는 사람이 제대로 된 비평을 할 수는 없다고 말한다. 또한 잘못된 비평의 해악은 잘못된 창작의 해악보다 훨씬 크기 때문에, 제대로 된 비평이야말로 매우 중요하다는 것이다.

4 from *An Essay on Man*

Epistle II. *Of the Nature and State of Man
With Respect to Himself, as an Individual*

Know then thyself, presume not God to scan;
The proper study of mankind is Man.
Placed on this isthmus of a middle state,
A being darkly wise and rudely great:
With too much knowledge for the skeptic side,
With too much weakness for the Stoic's pride,
He hangs between; in doubt to act or rest,
In doubt to deem himself a god or beast,
In doubt his mind or body to prefer;
Born but to die, and reasoning but to err;
Alike in ignorance, his reason such
Whether he thinks too little or too much:
Chaos of thought and passion, all confused;
Still by himself abused, or disabused;
Created half to rise and half to fall;
Great lord of all things, yet a prey to all;
Sole judge of truth, in endless error hurled:
The glory, jest, and riddle of the world!

주석

1] presume not God to scan: do not presume to scan God. presume: dare.
2] The proper study of mankind is Man: 인간의 합당한 연구 대상은 인간이다.
3] isthmus: strait(해협).
7] in doubt to act or rest: 'to act'는 쾌락주의적 태도를, 'to rest'는 금욕주의적 태도를 견지하는 것을 말함.
9] In doubt his mind or body to prefer: mind와 body는 제7행에 나오는 쾌락주의와 금욕주의에 각각 대응하는 말.
14] abused: deceived.

그렇다면 너 자신을 알고, 감히 신을 탐구하려고 하지 말라.
인간의 합당한 연구대상은 인간이다.
좁은 중간적 위치에 놓여 있는
어리석으면서도 지혜롭고, 조잡하면서도 위대한 존재.
회의론적 입장을 취하기에는 지식이 너무 많고
금욕주의자의 교만을 갖기에는 너무 약점이 많아
중간에서 우물쭈물. 행동해야 할지 가만히 있어야 할지 모르며
자신을 신으로 생각해야 할지 짐승으로 생각해야 할지 모르고
정신을 택할지 육체를 택할지 모른 채
태어나서는 죽고, 판단을 하지만 그르치며
그의 이성이 그러하니 적게 생각하나 많이 생각하나
무지하기는 매한가지.
사상과 감정은 온통 뒤죽박죽된 혼란상태.
언제나 자신에게 속고 깨며
반쯤 일어나고 반쯤 넘어지도록 만들어진
만물의 영장, 그러나 만물의 제물.
진리의 유일한 판단자이면서, 끝없는 오류 속에 던져지니
세상의 영광이요, 웃음거리이며 수수께끼로다!

5 작품분석

*An Essay on Man*은 약강5보격(iambic pentameter)의 2행연구(couplet)인 영웅대구(heroic couplet)로 된 철학적 성격이 강한 시로서 1733년과 1734년에 출판되었다. 이 작품은 당초 Pope가 시형식으로 표현하려고 했던 자신의 윤리학 체계의 중심부분이었다. Milton이 *Paradise Lost*

첫머리에서 밝혔던 집필의도와 마찬가지로 Pope는 이 작품을 통하여 인간에 대한 신의 섭리를 정당화하면서, 동시에 자만에 빠진 인간이 스스로 만물의 중심이라고 생각하지 않도록 일종의 경고를 주려고 했다.

Pope는 이 세계가 아무리 불완전하고 혼란스러우며 악으로 가득 차 있는 것처럼 보일지라도 사실상 합리적 질서에 의해 움직이며 모든 것이 신의 완벽한 작품이라고 생각했다. 그것이 불완전해 보이는 것은 단지 우리의 약한 도덕적, 지적 능력에 의해 우리의 인식능력이 제약을 받기 때문이라는 것이다. 그래서 우리는 거대한 존재의 사슬(the Great Chain of Being)에서의 우리의 중간적 위치—천사와 짐승의 중간—를 깨달아야 하며, 그럼으로써 행복하고 도덕적인 삶을 살아갈 수 있다는 생각을 한다.

이 작품은 서간체(epistles) 형식의 네 부분으로 구성되어 있다. 제1편지는 인간의 본질과 우주에서의 인간의 위치를, 제2편지는 개인으로서의 인간을, 제3편지는 정치적, 사회적 위계질서 속에서의 인간을, 제4편지는 이 세상에서의 인간의 행복추구를 각각 주제로 다루고 있다.

인용된 부분의 첫머리는 존재의 사슬에서 마치 좁은 해협에 있는 것 같은 인간의 중간적 위치에 대해 설명하면서, 신의 존재나 가치를 헤아리는 것은 인간의 분수를 넘어서는 일이라는 점을 분명히 하고 있다. '어리석으면서도 지혜롭고, 조잡하면서도 위대한 존재'라는 구절은 일종의 모순어법(oxymoron)으로, 인간의 이중성을 단적으로 표현하는 부분이다.

인간의 중간적 존재로서의 성격은 회의론자와 금욕주의자에 대한 언급에서도 잘 드러난다. 인간의 중간적 위치와 이중성은 존재의 사슬에서 뿐만 아니라, 그 철학적 태도에서도 나타난다는 것이다. 인간의 인식능력과 지식의 깊이를 의심하는 회의론적 입장에 서기에는 인간은 지식이 너무 많고, 그렇다고 해서 인간이 금욕주의를 통해 감정으로부터 자유로워지고 일종의 평정(apatheia)에 도달할 수 있다는 자만심을 갖기에는 너무 약점이 많다고 말한다.

그래서 인간은 스스로를 '신으로 생각해야 할지 짐승으로 생각해야 할지' 모르고, '정신을 택할지 육체를 택할지', '행동해야 할지 가만히 있어야 할지 모르며' '중간에서 우물쭈물' 하게 된다는 것이다. 결국 '사상과 감정'이 '온통 뒤죽박죽된 혼란상태'인 인간은 '만물의 영장'이면서도 '만물의 제물'이요, '세상의 영광'이면서도 '웃음거리이며 수수께끼'가 된다. 따라서 인용 부분은 전체적으로 인간의 중간적 위치를 설명하면서, 인간이 신의 섭리 속에서 자신의 한계를 인식할 것을 강조하고 있다.

Thomas Gray
(1716–1771)

1 작가의 생애와 작품경향

Thomas Gray는 비록 남긴 작품의 수가 많지 않았지만, 18세기 후반의 가장 중요한 시인으로 영국낭만주의의 여명을 알리는 선도자적인 인물이었다. Gray는 런던에서 부유하지만 불행한 가정에서 열 두 자녀 중 다섯째로 태어났고, 나머지 자녀들은 모두 유아기때 죽어 어머니보다 오래 생존한 자식은 오로지 Thomas뿐이었다. 어머니는 수금원을 하는 포악한 아버지 때문에 고통을 당하면서도 여성모자를 판매하는 가게를 운영하며 가정을 꾸려갔고, 부모가 헤어진 후 Gray는 어머니와 함께 살았다.

그의 어머니는 섬세하고 학구적인 아이였던 Gray를 자기 형제들이 선생으로 있는 Eton College에 보냈다. Eton에서 Gray는 영국의 초대총리인 Robert Walpole의 아들 Horace Walpole, Ireland의 대법관(Lord Chancellor)으로 예정되었던 Richard West, Thomas Ashton 등과 사귀며 '4인방'을 결성하여 평생의 지우로 지냈다. Gray는 1734년에 Cambridge대학에 들어갔고, 거기서 그리스어와 라틴어, 불어, 이탈리아어 등을 폭넓게 공부하고, 건축과 중세문학, 자연사에도 관심을 기울였다. 그는 학위를 받지 않고 Cambridge를 떠났지만, 삼촌으로부터 받은 유산으로 해서 생계를 위해 직업을 가질 필요를 느끼지 않았다.

1739년 23세 되던 해에 Gray는 Walpole의 초대로 대륙여행의 대장정에 올랐다. 3월에 출발해서 프랑스에서 얼마동안의 시간을 보낸 후 11월에는 알프스를 넘었다. 그 후 이탈리아에서 주로 피렌체에 머물면서 로마, 나폴리 등도 방문했다. 그들은 1741년 베네치아로 갔는데, 거기에서 두 사람은 싸우고 헤어졌다. Walpole은 화려한 파티를 원했고, Gray는 고대유적들을 더 많이 보고 싶어 했기 때문이었다. Gray는 혼자 베네치아에 몇 주간 머물다가 그냥 영국으로 돌아왔다.

1741년에 Gray의 아버지는 세상을 떠났고, 그 후 몇 년 동안 Gray는 대부분의 시간을 런던과 은퇴한 어머니가 자매들과 살았던 Stoke Poges에 머물렀다.

1745년에는 결별했던 Walpole과 친교를 회복하여 그의 진기한 저택 Straw-berry Hill을 자주 방문했다. Gray의 시에 대해 경탄을 아끼지 않았던 Walpole의 권유로 1747년에는 "Ode on a Distant Prospect of Eton College", "Ode on Spring"을, 이듬해에는 "Ode on the Death of a Favourite Cat, Drowned in a Tub of Goldfishes" 등을 발표했다. 1742년 친구 Richard West가 죽은 이후부터 띄엄띄엄 써왔던 "Elegy Written in a Country Churchyard"는 그가 35세 되던 해인 1751년에 출판되었다. 이 작품은 고전주의와 낭만주의가 조화를 이루고 있

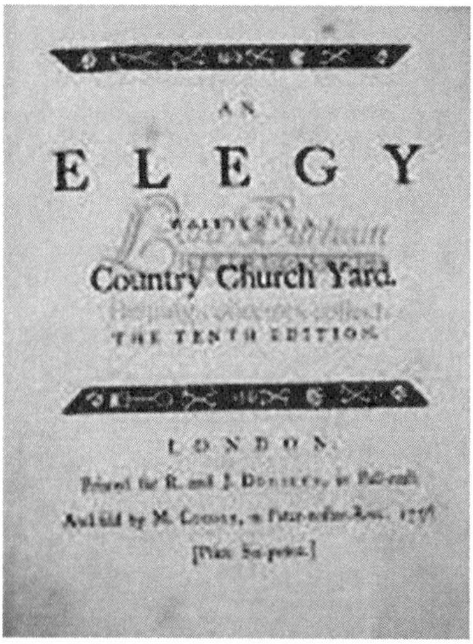

는 걸작으로, 발표되자마자 큰 반향을 일으켜 두 달 만에 네번째 판을 찍어냈다. 빅토리아조 시인 Tennyson은 이 작품의 "인간을 울게 만드는 거룩한 진정성"(divine truisms that make us weep)을 찬미하기도 했다.

Gray는 계속 Cambridge대학에 머물며 공부했고, 1752년부터 Pindaric Odes를 쓰기 시작했다. 1757년에는 계관시인으로 추천되었으나 거절했다. 그 해에 그는 "The Bard"와 "The Progress of Poesy" 등 두 개의 ode를 발표했다. 이 작품들은 모호하다는 이유로 비판을 받았고, 그 이후로 Gray는 시를 쓰는 일보다는 개인적인 공부에 몰두했다.

1768년 52세 되던 해에는 Cambridge대학의 History and Modern Languages 교수로 임명되었지만 강의는 하지 않았다. 1771년 55세 되던 해 여름에 스위스를 방문했다가 갑자기 병이 들어 며칠 만에 사망했다. 그는 Stoke Poges의 어머니 무덤 옆에 묻혔고, 기념비가 Westminster사원의 시인묘역에 세워졌다.

2 Elegy Written in a Country Churchyard

The curfew tolls the knell of parting day,
The lowing herd winds slowly o'er the lea,
The ploughman homeward plods his weary way,
And leaves the world to darkness and to me.

Now fades the glimmering landscape on the sight,
And all the air a solemn stillness holds,
Save where the beetle wheels his droning flight,
And drowsy tinklings lull the distant folds :

Save that from yonder ivy-mantled tower

The moping owl does to the moon complain
Of such as, wandering near her secret bower,
Molest her ancient solitary reign.

주석

1] curfew: 만종(晩鐘), 저녁종. 원래는 각 가정에서 화기를 끄라는 신호로 저녁 8시에 울렸던 종을 말한다. 이 제도가 없어진 이후 이 단어는 저녁종을 의미하는 말이 되었다.
knell: 조종(弔鐘).
parting day: 떠나가는 하루. 사라져가는 하루. 저무는 하루.
2] low: moo(소가 음매하고 울다).
wind: 꾸불꾸불 나아가다.
lea: meadow.
5] on the sight: 시야에서.
7] Save: Except.
wheels his droning flight: 선회하면서 윙윙거리며 날다.
8] tinklings: 양의 목에 달린 종(sheep-bells)이 울려서 나는 딸랑거리는 소리.
folds: 양우리.
9] yonder: over there(저쪽에 있는).
ivy-mantled tower: 담쟁이가 뒤덮인 탑.
10] moping: 침울해하는.
12] Molest her ancient solitary reign: 올빼미의 오래된 고독의 영역을 침범하는. molest: bother, interfere with, annoy(귀찮게 하다, 간섭하다). reign: dominion, realm(영역).

Beneath those rugged elms, that yew-tree's shade,
Where heaves the turf in many a mouldering heap,
Each in his narrow cell for ever laid,
The rude Forefathers of the hamlet sleep.

The breezy call of incense-breathing morn,
The swallow twittering from the straw-built shed,
The cock's shrill clarion, or the echoing horn,
No more shall rouse them from their lowly bed.

For them no more the blazing hearth shall burn,
Or busy housewife ply her evening care :

No children run to lisp their sire's return,
Or climb his knees the envied kiss to share.

주석

14] moldering : decaying(썩어가는).
15] narrow cell : 좁은 방(무덤을 말함).
16] rude : uneducated, untaught(배우지 못한), humble(미천한).
hamlet : small village.
17] breezy call : 미풍의 부름.
incense-breathing : fragrant.
19] horn : 뿔피리.
20] lowly bed : 낮은 침상((무덤을 말함)).
22] ply : work diligently, carry on busily or steadily(열심히 일하다).
her evening care : 저녁 일거리. care : domestic duties, responsibilities.
23] lisp : speak imperfectly, especially in a childish manner(혀짧은 소리를 내다, 어린애처럼 불완전하게 발음하다).
sire : father.

Oft did the harvest to their sickle yield,
Their furrow oft the stubborn glebe has broke;
How jocund did they drive their team afield!
How bow'd the woods beneath their sturdy stroke!

Let not Ambition mock their useful toil,
Their homely joys, and destiny obscure;
Nor Grandeur hear with a disdainful smile
The short and simple annals of the Poor.

The boast of heraldry, the pomp of power,
And all that beauty, all that wealth e'er gave,
Awaits alike th' inevitable hour :-
The paths of glory lead but to the grave.

주석

25] harvest: 수확물.
26] furrow: plough(쟁기). 밭갈이.
glebe: soil, field.
broke: broken.
27] team: 한 떼의 짐승.
afield: to the field.
28] How bow'd the woods beneath their sturdy stroke!: 그들의 완강한 도끼질 아래 숲이 어떻게 넘어졌던가!
30] homely: domestic, simple.
32] short and simple annals: parish registers of births, christenings, marriages, and deaths(개인의 출생, 세례, 결혼, 사망 등을 기록한 교구의 기록). annals: 연보.
33] The boast of heraldry: 가문(家紋)의 자랑. 혈통이 고귀하다는 것.
the pomp of power: 권력의 위세.

Nor you, ye Proud, impute to these the fault
If Memory o'er their tomb no trophies raise,
Where through the long-drawn aisle and fretted vault
The pealing anthem swells the note of praise.

Can storied urn or animated bust
Back to its mansion call the fleeting breath?
Can Honour's voice provoke the silent dust,
Or Flattery soothe the dull cold ear of Death?

Perhaps in this neglected spot is laid
Some heart once pregnant with celestial fire;
Hands, that the rod of empire might have sway'd,
Or waked to ecstasy the living lyre:

주석

37] these: the poor(제32행).
38] trophies: memorials(기념비).
39] aisle: (교회의 긴) 통로.
fretted vault: 격자모양으로 장식된 둥근 천정. fretted: adorned with carved or embossed work.

41] storied urn: 죽은 사람의 생애와 경력이 새겨진 묘비. 'urn'은 원래 유골을 넣는 단지이지만, 흔히 '무덤'의 뜻으로 쓰임.
animated bust: life-like bust(살아 있는 듯한 흉상).
42] fleeting: transitory, fugitive(사라져가는, 덧없는).
43] provoke: call forth, arouse, challenge.
46] pregnant with celestial fire: full of heaven-sent inspiration(하늘에서 받은 영감으로 가득한).

But Knowledge to their eyes her ample page,
Rich with the spoils of time, did ne'er unroll;
Chill Penury repress'd their noble rage,
And froze the genial current of the soul.

Full many a gem of purest ray serene
The dark unfathom'd caves of ocean bear:
Full many a flower is born to blush unseen,
And waste its sweetness on the desert air.

Some village Hampden, that with dauntless breast
The little tyrant of his fields withstood,
Some mute inglorious Milton here may rest,
Some Cromwell, guiltless of his country's blood.

주석

50] the spoils of time: the wealth of knowledge accumulated by time(시간이 흘러가면서 쌓이는 풍부한 지식).
51] Penury: Poverty.
rage: (흔히 18세기 시에서) 시적 열정(poetic fire, *furor poeticus*).
52] genial current: creative energy.
57] village Hampden: John Hampden (ca. 1595-1643)은 Charles 1세의 함선세 부과에 극렬하게 저항했던 국회의원. 'village Hampden'은 Hampden처럼 자기 마을에서 부당한 압제에 대항한 사람.
breast: 용기(courage).
59] mute: Milton과 같은 시적 재능이 있으면서도 시를 쓰지 않았기 때문에 이렇게 표현함.
inglorious: obscure, humble(영예를 얻지 못한).

Th' applause of list'ning senates to command,
The threats of pain and ruin to despise,
To scatter plenty o'er a smiling land,
And read their history in a nation's eyes,

Their lot forbad: nor circumscribed alone
Their growing virtues, but their crimes confined;
Forbad to wade through slaughter to a throne,
And shut the gates of mercy on mankind,

The struggling pangs of conscious truth to hide,
To quench the blushes of ingenuous shame,
Or heap the shrine of Luxury and Pride
With incense kindled at the Muse's flame.

주석

61] command: (동정, 존경 따위를) 모으다, 일으키다.
63] plenty: 많은 돈.
64] read their history in a nation's eyes: 국민들의 만족스런 눈빛에서 자신들의 치적을 확인한다는 뜻.
65-66] nor … alone, / … but: not only but …
65] circumscribed: restricted.
66] confined: limited.
69] conscious truth: truthful awareness of inward guilt.
70] To quench the blushes of ingenuous shame: 고결한 수치심이 얼굴 붉히는 것을 막고((나쁜 짓을 한다는 것)). ingenuous: natural; noble.
71] shrine: altar.
72] incense: 향불. 시로 아첨하는 것(flattery)을 말함.
Muse's flame: the inspiration of the poet.
71-72] 부귀한 자들에게 시를 바쳐 아첨하는 것.

Far from the madding crowd's ignoble strife,
Their sober wishes never learn'd to stray;
Along the cool sequester'd vale of life
They kept the noiseless tenour of their way.

Yet e'en these bones from insult to protect
Some frail memorial still erected nigh,
With uncouth rhymes and shapeless sculpture deck'd,
Implores the passing tribute of a sigh.

Their name, their years, spelt by th' unletter'd Muse,
The place of fame and elegy supply:
And many a holy text around she strews,
That teach the rustic moralist to die.

주석

73] madding: outraged.
ignoble: mean, base.
75] sequestered: secluded.
76] tenour, tenor: continuous course.
78] frail memorial: 시골 교회묘지의 소박한 비석. 제38행에 나오는 사원의 거창한 기념비와 대조. frail: transient.
79] uncouth: 원래는 'unknown'의 뜻. 여기서는 'uncomely, awkward, clumsy'(서투른, 어색한)의 뜻.
shapeless: 볼품없는.
decked: decorated.
81] years: 나이.
unletter'd Muse: unlearned poet(학식 없는 시인).
83] holy text: 성경구절.
she: 제81행의 th' unletter'd Muse.
84] teach: teaches; (should, might) teach.
to die: how to meet death.

For who, to dumb forgetfulness a prey,
This pleasing anxious being e'er resign'd,
Left the warm precincts of the cheerful day,
Nor cast one longing lingering look behind?

On some fond breast the parting soul relies,
Some pious drops the closing eye requires;
E'en from the tomb the voice of Nature cries,
E'en in our ashes live their wonted fires.

For thee, who, mindful of th' unhonour'd dead,
Dost in these lines their artless tale relate;
If chance, by lonely contemplation led,
Some kindred spirit shall inquire thy fate, —

주석

86] This pleasing anxious being: 불안과 기쁨이 모두 있는 이 존재(인생).
87] warm precinct: 따뜻한 경내. 즉, 이 세상(이승).
88] Nor cast: and did not cast.
longing lingering: 그리워하고 아쉬워하는. 그리워하며 미련을 가지는.
89] fond: affectionate.
90] pious drops: 효성의 눈물.
91] voice of Nature: 소중한 기억에 대한 자연스런 갈망.
92] their wonted fires: 버릇처럼 된 열정.
93] For thee: 시인 자신에게 말하는 것.
95] chance: by chance(혹시).
96] Some kindred spirit: 어떤 비슷한 영혼을 가진 자. kindred: similar.

Haply some hoary-headed swain may say,
"Oft have we seen him at the peep of dawn
Brushing with hasty steps the dews away,
To meet the sun upon the upland lawn;

"There at the foot of yonder nodding beech
That wreathes its old fantastic roots so high.
His listless length at noontide would he stretch,
And pore upon the brook that babbles by.

"Hard by yon wood, now smiling as in scorn,
Muttering his wayward fancies he would rove;
Now drooping, woeful wan, like one forlorn,
Or crazed with care, or cross'd in hopeless love.

주석

97] Haply: Perhaps.
swain: countryman.
98] at the peep of dawn: 새벽녘에.
100] lawn: meadow.
101] nodding beech: 너울거리는 너도밤나무.
103] His listless length … would he stretch: stretch himself full length, and lie in a listless manner(몸을 쭉 펴고 멍하니 누워서).
105, 107] now … Now: 때로는 … 때로는 …
106] wayward: 덧없는.
107] woeful wan: sad and pale.
108] crossed: thwarted(좌절된).

"One morn I miss'd him on the custom'd hill,
Along the heath, and near his favourite tree;
Another came; nor yet beside the rill,
Nor up the lawn, nor at the wood was he;

"The next with dirges due in sad array
Slow through the church-way path we saw him borne,-
Approach and read (for thou canst read) the lay
Graved on the stone beneath yon aged thorn."

주석

111] Another: another morning.
113] next: following morning.
with dirges due in sad array: 마땅한 애가를 울리며 슬픈 행렬을 지어 .
114] church-way path: 교회로 들어가는 길
115] the lay: 시(poem), 노래(song).
116] thorn: hawthorn(산사나무).

The Epitaph

Here rests his head upon the lap of Earth
A youth to Fortune and to Fame unknown.
Fair Science frowned not on his humble birth,

And Melacholy marked him for her own.

Large was his bounty, and his soul sincere,
Heaven did a recompense as largely send:
He gave to Misery all he had, a tear,
He gained from Heaven ('twas all he wish'd) a friend.

No farther seek his merits to disclose,
Or draw his frailties from their dread abode
(There they alike in trembling hope repose),
The bosom of his Father and his God.

주석

118] Fortune: 재산.
119] Science: knowledge or learning in the general sense.
120] Melancholy: 부정적 의미가 아닌 깊은 생각과 감수성, 인간에 대한 이해심을 포함하는 긍정적 개념.
121] bounty: munificence(아낌없이 줌), liberality(관대함), generosity(너그러움).
122] as largely: 마찬가지로 (크게).
123] a tear: (제121행의) bounty.
124] a friend: (제122행의) a recompense. 즉 God himself.
126,127] their, they: his merits, his frailties.
126] their dread abode: (제128행의) the bosom.
127] trembling: 신의 심판이 기다리고 있으므로.

저녁종은 사라져가는 하루의 조종을 울리고
음매 음매 우는 소떼는 풀밭을 천천히 굽이 돌아간다.
농부는 터벅터벅 지친 걸음으로 집으로 가고
온 세상엔 어둠과 나만이 남는다.

이제는 가물거리는 풍경이 시야에서 사라지고
엄숙한 고요가 온 대기를 감싼다.
단지 선회하면서 나는 풍뎅이의 윙윙거리는 소리,

멀리 있는 우리에서 양떼를 잠들게 하는 방울소리 뿐.

또한 저기 담쟁이로 덮인 탑에서
자신의 비밀 거처 주위를 배회하면서
그의 오래된 고독의 영역을 침범하는 사람들 때문에
달에게 불평하는 침울한 올빼미의 울음소리 뿐.

저 우둘투둘한 느릅나무, 저 주목나무의 그늘 아래
수많은 썩어가는 더미로 뗏장이 솟아오른 곳에
각자 자신의 좁은 방에 영원히 누운 채
마을의 미천한 선조들이 잠들어 있다.

향기로운 아침의 미풍의 부름도
짚으로 엮어 만든 헛간에서 지저귀는 제비도
수탉의 날카로운 나팔소리도, 혹은 메아리치는 뿔피리 소리도
더 이상 이들을 그 낮은 잠자리에서 깨우지 못하리라.

그들을 위해서 더 이상 벌건 화로가 타오르지 않고
바쁜 아내가 저녁 일을 부산스럽게 하지도 않으며
아버지의 귀가를 혀짧은소리로 반기며 달려들거나
다투어 입 맞추려고 아버지 무릎에 기어오르는 아이들도 없으리라.

거듭 그들은 낫으로 추수를 했고
자주 밭을 갈아 단단한 땅을 부쉈다.
그들은 얼마나 즐겁게 소떼를 밭으로 몰았던가!
그들의 억센 도끼질 아래 숲이 어떻게 넘어졌던가!

야망이여 비웃지 말라, 그들의 유익한 노고와
그들의 소박한 즐거움, 미천한 운명을.
영화여 듣지 말라, 조롱하는 웃음을 지으며,
가난한 자들의 짧고 소박한 연보를.

가문의 자랑과 권력의 화려함,
모든 아름다움과 부가 준 모든 것들을
피할 수 없는 시간이 똑같이 기다린다.
영광의 길은 오직 무덤에 이를 뿐이다.

또한 그대, **오만**이여, 이 사람들 탓을 하지 말라,
기억이 그들의 무덤위에 아무 기념비를 세우지 않아도,
길게 이어진 통로와 격자무늬의 둥근 천정 아래에서
울려 퍼지는 찬가가 칭송의 가락을 높이는 그곳에.

이력이 새겨진 묘비나 살아 있는 듯한 흉상이
사라져가는 숨결을 그 집으로 불러들일 수 있겠는가?
영예의 목소리가 그 말없는 흙을 깨울 수 있으며
아첨이 죽음의 둔하고 차가운 귀를 달랠 수 있겠는가?

어쩌면 돌보는 사람 없는 이곳에
한 때 천상의 불꽃으로 가득한 심장이,
제국의 지휘봉을 휘두르거나, 살아 있는 리라를 깨워
황홀하게 할 수도 있었을 손이 잠자고 있을지도 모른다.

그러나 **지식**은 그들의 눈앞에 펼쳐놓아주지 않았다,
시간의 전리품들로 가득한 풍성한 책장을.

차가운 **가난**이 그들의 고귀한 열정을 억눌렀고
영혼의 창조력을 얼어붙게 했다.

맑고 순수한 빛을 가진 수많은 보석을
깊이를 알 수 없는 어두운 대양의 동굴이 품고 있고,
수많은 꽃들이 보는 이 없이 붉게 피어나
황야의 대기에 헛되이 향기를 뿌린다.

불굴의 용기로 자기 땅의 작은 폭군에게
대항했던 어떤 시골 햄프든이,
말 없는 어떤 무명의 밀턴이 여기 쉬고 있는지 모른다.
자기 나라의 유혈사태에 대해 죄가 없는 어떤 크롬웰이.

경청하는 상원의원들의 박수갈채를 차지하고
고통과 파멸의 위협을 무시하며
많은 돈을 미소 짓는 국민들에게 뿌리고
국민들의 눈빛에서 자신들의 역사를 읽는 일은

그들의 운명이 금했다. 또한 자신들의 자라나는 미덕을
제한했을 뿐만 아니라 범죄도 한정시켰다.
살육의 강을 건너 왕위에 오르는 것도
인류에게 자비의 문을 닫는 것도 금했다.

고통스러운 양심의 가책을 숨기는 것도
고결한 수치심이 얼굴 붉히는 것을 막는 것도
혹은 사치와 오만의 신전에
시신의 불꽃으로 불붙인 향으로 분향하는 것도.

광란의 무리들의 비열한 싸움으로부터 멀리 떠나
그들의 분별심 있는 소망은 결코 엇나갈 줄 몰랐고
인생의 서늘하고 외떨어진 골짜기를 따라
그들은 조용한 길을 계속 걸어갔다.

허나 이러한 뼈들이라도 모욕을 당하지 않도록
어느 초라한 비석이 늘 가까이에 세워져서
서투른 시구와 볼품없는 조각으로 꾸며진 채
지나가는 사람들의 한숨의 조의를 간청하고 있다.

학식 없는 시인이 쓴 그들의 이름과 나이가
명성과 애가를 대신한다.
그가 사방에 써놓은 많은 성경구절들은
시골의 도덕가에게 죽는 법을 가르친다.

왜냐하면, 어느 누가 말없는 망각의 제물이 되어
이 즐겁고도 불안한 삶을 체념하고
유쾌한 날을 보낸 따뜻한 뜰을 떠나며
그리워하고 아쉬워하는 눈길로 뒤돌아보지 않겠는가?

떠나가는 영혼은 사랑하는 가슴에 기대고
감기는 눈은 효성의 눈물을 요구한다.
무덤에서도 자연의 목소리는 외치며
우리들의 재속에서도 그들의 불길은 평소처럼 탄다.
영예를 얻지 못하고 죽은 자들을 기억하며
이 시행으로 그들의 소박한 얘기를 전하는 그대를 위하여

만일 우연히 고독한 명상에 이끌려
어떤 비슷한 영혼을 가진 이가 그대의 운명을 묻는다면

아마 백발의 어떤 시골사람이 이렇게 말하리라.
"새벽 동이 틀 때 종종 보았지요,
그가 총총걸음으로 이슬을 헤치고
언덕 위 풀밭에서 해를 맞이하러 가는 모습을.

저기 오래된 기괴한 뿌리가 땅위로 얽혀 있는
저 너울거리는 너도밤나무 발치에서
한낮에는 몸을 쭉 펴고 멍하니 누워서
곁에서 졸졸 흐르는 시냇물을 응시하곤 했었지요.

저기 숲 가까이에서 때로는 비웃듯이 미소 짓고
덧없는 공상을 중얼거리면서 헤매곤 했고,
때로는 버림받거나, 근심으로 미치고 절망적 사랑으로 좌절 한 사람처럼
슬프고 창백한 얼굴을 한 채 고개를 떨궜지요.

어느 아침, 모습이 보이지 않았어요, 늘 오르던 언덕에도,
황야에도, 그가 좋아하던 나무 곁에도.
또 다른 아침이 왔지만 시냇가에도,
언덕 풀밭 위에도, 숲에도 그는 없었지요.

다음 날 아침, 절차에 따라 애가를 울리며 슬픈 행렬을 지어
교회길로 천천히 운구되는 것을 보았지요.
가까이 가서 읽어보시오(당신은 글을 알테니),

저기 산사나무 고목 아래 비석에 새겨진 시구를."

비문(碑文)

여기에 대지의 무릎을 베고 누워 쉬고 있다,
재산과 명성을 알지 못했던 젊은이의 머리가.
미천한 태생임에도 아름다운 학문이 찌푸린 얼굴로 대한 적 없고
우울은 그를 자기 것으로 점찍어 놓았다.

그의 너그러움은 컸고, 그의 영혼은 진지했다.
하늘이 그만큼 큰 보상을 내렸다.
그는 자신이 가진 모든 것인 눈물을 불행에게 주었고
하늘로부터 (그가 바랐던 모든 것인) 한 친구를 얻었다.

더 이상 그의 장점을 드러내려고 하지도 말고
그의 약점을 끌어내려고 하지도 말라
(그곳에서 그것들은 떨리는 희망 속에 마찬가지로 쉬고 있다),
그의 아버지, 신의 품, 그 두려운 거처에서.

3 작품분석

이 시는 Eton시절 친구였던 Horace Walpole과 유럽여행 도중 결별하고, 또 다른 절친 Richard West마저 죽은 후 인생의 비애와 무상함에 젖어서 쓴 일종의 elegy로서 1750년에 완성된 작품이다. 장르적인 측면에서 볼 때 이 시는 18세기 전반에 유행했던 두 개의 시적 전통을 따르고 있다.

그 중 하나는 제목에 나타나있듯 인간의 죽음에 대한 명상을 담는 elegy의 전통이다. elegy는 보통 특정한 사람의 죽음을 애도하는 데서 출발하지만, 경우에 따라서는 인간의 죽음 일반에 대한 명상이나 삶에 대한 시인의 비극적 감정 등을 다루기도 한다. 이 작품에서 시인은 날이 저물어 어둠에 묻혀가는 고요한 저녁, 시골교회묘지에 묻혀있는 촌부들의 삶과 죽음을 명상하고 있다. 형식적으로도 이 작품은 elegy에서 흔히 쓰이는 소위 elegiac stanza(약강5보격, abab 각운의 4행연구)를 사용하고 있다.

또 하나는 landscape poetry(풍경시, 山水詩)의 전통이다. landscape poetry는 어떤 특정 풍광이나 자연에서 촉발되는 시인의 철학적 사색과 명상을 다룬다. 풍경시의 하위 장르 중의 하나가 graveyard school(묘지파)인데, 이는 신고전주의가 쇠퇴하고 낭만주의의 여명이 시작되던 시기인 18세기 후반에 등장한 시인들 유파를 일컫는 말이다. Graveyard school은 보통 밤에 묘지를 배경으로 인간 삶의 덧없음이나 죽음, 불멸 등과 같은 문제에 대해 사색한다. 이들이 즐겨 쓰는 소재는 관이나 수의, 올빼미, 고탑, 담쟁이, 주목나무 등으로 모두 음산하고 어두운 분위기를 자아내는 것들인데, 이 작품도 예외가 아니다.

이 시는 전체적으로 총 32개 연, 128행으로 되어 있는데, 내용에 따라 크게 7개 부분으로 나눌 수 있다. 제1-3연(제1-12행)은 하루가 저물어가는 고요한 저녁에 펼쳐지는 시골 풍경을 묘사하고 있다. 시인은 날이 저무는 것을 '떠나가는'(parting) 것으로, 만종소리를 '조종'(knell)이 울리는 것으로 표현하고 있다. 말하자면 하루가 저물어가는 것을 사람이 죽어 이 지상을 떠나가는 것에 비유한다. 낮과 밤이 생전의 세계와 죽음의 세계, 이승과 저승의 비유로 등장하는 것은 문학작품에서는 흔한 일이다. 이 시의 첫머리는 날이 저무는 풍광을 보며 궁극적으로 인간의 죽음과 그 의미를 탐구하려는 시인의 의도를 잘 보여주고 있는 부분이다. 밭을 갈던 농부마저 집으로 돌아가고 시인은 어둠속에 홀로 남아 명상에 잠긴다. 그런데 주위가 너무도 고요하여 단지 풍뎅이가 윙윙대는 소리, 멀리서 들리는 양들의 목에 단 방울이 딸랑거리는 소리, 달밤에 올빼미가 우는 소리만이 들릴 뿐이라고 말한다. 이런 소리들은 정적을 깨는 소리라기보다는 역설적으로 정적을 강조해주는 효과를 갖는다.

제4-6연(제13-24행)은 그곳에 있는 시골묘지의 모습과 그 묘지에 묻혀 있는 사람들의 다시는 반복하지 못할 생전의 모습이 묘사되어 있다. 이들은 이미 죽어 무덤에 묻혀 있기 때문에 미풍도, 제비의 지저귐도, 나팔소리도, 뿔피리 소리도 깨어나게 하지 못한다. 또한 이들을 위해 더 이상 난로도 필요치 않으며, 아내가 분주히 일을 하지도 않고, 더 이상 아이들도 이들의 귀가를 반기며 다투어 입맞춤을 하려고 하지도 않는다. 말하자면 그 무엇도 삶의 세계를 일단 떠난 이들을 결코 지상으로 되돌아오게 할 수도 없고, 돌아와서 생전에 누렸던 삶을 다시 반복하게 할 수도 없는 것이다.

제7-11연(제25-44행)은 야망 있고 영화를 누리며 오만한 사람들에게 가난한 사람들의 소박한 삶과 미천한 운명을 비웃지 말라고 말하며, 모든 사람은 귀천과 재산의 있고 없음에 상관없이 죽음 앞에 평등하다는 점을 역설한다. 제7연(제25-28행)에서는 시골사람들이 생전에 했던 노동의 즐거움과 이들의 강인함이 묘사되어 있는데, 다음 연에 와서는 의인화된 야망과 영화에게 아무리 그들의 운명이 미천하더라도 그들의 유익한 노동과 소박한 즐거움을, 그들의 짧고 소박한 연보를 조롱하지 말 것을 주문한다. 왜냐하면 아무리 자랑할 만한 가문에서 권력과 아름다움과 부를 누린 사람들이라도 결국에는 모두 죽을 수

밖에 없기 때문이다. 또 이들 권력과 부를 누린 사람들이 대사원에 무덤과 비석을 세우고 흉상을 만든다고 해도 이들의 영혼은 다시는 그 육체로 돌아올 수 없다. 결국 가난한 이들이나 영화를 누린 이들이나 일단 이 세계를 떠나면 아무도 죽음의 세계에서 결코 돌아올 수가 없다는 것이다.

제12-19연(제45-76행)은 무덤에 누워 있는 시골사람들은 생전에 단지 가난과 기회부족 때문에 자신들이 가지고 태어난 재능을 제대로 발휘할 수 없었을 것이라고 말한다. 기회가 있었더라면 그들은 '제국의 지휘봉을 휘두르거나 살아 있는 리라를 깨워/ 황홀하게 할' 황제나 위대한 시인이 될 수도 있었을 것이다. 그러나 기회가 없어 배우지 못하고 집안이 가난해서 '고귀한 열정'과 '영혼의 창조력'이 꽃을 피우지 못한 것이다. 제14연(제53-56행)은 이들의 운명과 삶에 대한 아름다운 비유로 가득 차 있다. 깊은 대양 속 동굴에 값진 보석이 수없이 숨어있고, 황야에서 아름다운 꽃들이 피어나 보아주는 이 하나 없이 향기를 뿌리다 시들 듯이, 이들은 바다 속 동굴에 숨어 있는 보석이요, 황야에서 피었다 지는 아름다운 꽃과 같은 존재들이다. 따라서 햄프든이나 밀턴, 크롬웰 같은 자질을 가지고 태어났으면서도 그 능력을 발휘하지 못하고 죽은 사람들이 이 시골묘지에 묻혀 있을 수 있다는 것이다. 반면에 이들이 무명의 삶을 살다보니 권력자나 유명인들이 범하는 죄악에서도 벗어날 수 있었다는 역설이 다음 몇 개의 연에서 언급된다. 이들의 운명은 '상원의원들의 박수갈채'를 받고 '많은 돈을 미소 짓는 국민들에게 뿌리고/ 국민들의 눈빛에서 자신들의 역사를 읽는 일'을 막았고, 많은 사람들이 흘리는 피의 강을 건너서 '왕위에 오르는 것'도 막았다. 또한 양심이나 수치심을 저버리고, 사치스럽고 오만한 사람들에게 아첨하는 시를 쓰는 것도 이들의 운명이 막았다. 그래서 이들은 '광란의 무리'들이 벌이는 '비열한 싸움'을 떠나 '서늘하고 외떨어진' 삶의 골짜기를 따라 조용한 인생길을 걸었던 것이다.

제20-23연(제77-92행)은 시골사람들의 보잘 것 없는 묘지와 그런 묘지나마 세운 이유가 제시되어 있다. 이들이 아무리 미천한 삶을 살았다고 해도 하나의 인간으로서 그 뼈가 땅속에 아무렇게나 묻혀 알아볼 수 없게 되지 않도록 이들의 묘지에도 초라하나마 나이와 이름, 성경구절 등을 새겨놓은 비석이 세워진다. 왜냐하면 인간이라면 그 누구라도 즐거움과 불안이 공존하는 이 삶을 떠나 영원한 '망각의 제물'이 되는 터에 '유쾌한 날을 보냈던' 이승 세계의 '따뜻한 뜰'을 떠나며 그립고 아쉬운 눈길로 이 뜰을 뒤돌아보지 않을 수 없기 때문이다. 또한 죽어가는 사람의 영혼은 생전에 사랑했던 사람들의 가슴에 의지하여 효성의 눈물을 바라며, 소중한 이승의 기억과 생전에 지녔던 열정은 죽은 후까지도 살아남을 것처럼 보인다. 그래서 시골사람들에게도 묘비가 세워져 그 앞을 '지나가는 사람들의 한숨의 조의를 간청'하는 것이다.

제24-29연(제93-116행)은 시골사람들이 아닌 시인 자신의 삶과 죽음을 다루고 있다. 이 부분은 전체적으로 시인이 자기 자신에게 말하는 형식으로 되어 있다. 자신이 언젠가 죽게 될 경우 시골사람들이 자신의 생전모습을 어떻게 묘사할 것인지, 자신의 죽음과 장례는 어떠할 것인지를 상상하고 있다. 시인이 상상하고 있는 자신의 모습은 도회지사람의 모습이 아니라 자연과 어울리는 사람의 모습이되, 이들 시골 농부들처럼 밭을 갈거나 낫질을 하는 건강한 육체적 활동을 하는 모습이 아니다. 역시 사색과 명상에 잠겨 있는 꿈꾸는 시인의 모습이다. 그래서 그는 너도밤나무 아래에서 편안한 자세로 몸을 펴고는 멍하니 앉아있거나, 종잡을 수 없는 환상에 사로잡혀 중얼거리며 헤매고 다니거나 슬프고 창백한 얼굴로 다닐 것이라고 말한다. 그런데 그가 상상하는 자신의 죽음은 갑작스럽다. 늘 보이던 언덕이나 황야, 나무 곁, 언덕 풀밭이나 숲에 그의 모습이 어느 날 갑자기 보이지 않고, 돌연 그의 관이 운구되는 모습이 묘사된다.

제30-32연(제117-128행)은 시인 자신의 '비문'(epitaph)으로 되어 있는데, 이 비문은 시인이 살았던 삶을 요약하고 있다. 그는 돈도 모르고, 명예에도 관심이 없었다고 한다. 그러나 미천한 태생임에도 불구하고 학문을 가까이 했고, 인간에 대한 깊은 이해심과 감수성을 소유한, 너그럽고, 불행한 사람들을 동정할 줄 아는 아름다운 성품의 인물이었다고 자평하고 있다. 그러나 이런 평가는 사람들이 시인에 대해 실제로 내렸던 평가가 아니라, 미래에 사람들이 그렇게 평가해 주었으면 하고 바라는 시인 자신의 이상적 모습이다. 시의 마지막에서 그는 자신의 그런 성격과 삶의 태도 때문에 신의 은총을 받고 그 품안에서 안주할 것이라고 말한다.

이 시가 성공하게 된 요인은 먼저, 미천한 시골사람들의 삶을 찬미했다는 것이다. 가난과 기회부족으로 무명의 삶을 살았던 시골 촌부들을 동정하면서, 그들에게 숨어있었을지도 모를 비범한 재능을 안타까워하고 있다. 돈과 기회가 주어졌더라면, 그들은 한 나라의 황제가 될 수도, 위대한 시인이 될 수도 있었을지 모른다. 그래서 권세 있고 돈 많은 자들에게 이들 촌부들의 미천한 삶을 비웃지 말라고 한다. 이 시가 성공하게 된 또 다른 요인은, 모든 사람이 죽음 앞에 평등하다는 점을 강조했다는 것이다. 아무리 재산과 권력을 누린 자들일지라도 소박한 촌부들과 마찬가지로 결국에는 죽음에 이르게 되며, 아무도 죽음의 세계에서 되돌아올 수 없다는 점을 강조한다. 보통 사람들의 삶과 보통 사람들이 실생활에서 쓰는 언어를 시의 소재와 시어로 채택하려고 노력했던 영국의 낭만주의는 프랑스혁명의 자유와 평등의 정신이 문학적으로 반영된 것이라 볼 수 있다. Gray가 이렇듯 보통 사람들의 삶을 찬미하고 모든 사람의 평등성을 강조하는 것은 그의 시가 민주주의적 정신을 바탕으로 하고 있으며, 영국낭만주의 정신의 선구적 사례라는 점을 보여준다.

이 철

서울대학교 인문대학 영어영문학과 졸업
서울대학교 대학원 졸업(문학박사)
하버드대학 비교문학과(1997-1998년)
코넬대학 영문과(2005-2007년)에서 해외파견 연구
현재 강릉원주대학교 영어영문학과 교수

저서:
『낭만주의와 현대 영시의 이해』
『영시읽기의 기초』(공저), 『영국문학의 이해』(공저)
『영미시』(공저), 『영미문학의 길잡이2』(공저)

번역서:
『비전』(W. B. Yeats, A Vision)
『열정적인 너무나 열정적인』(John Tytell, Passionate Lives: D. H. Lawrence, F. Scott Fitzgerald, Henry Miller, Dylan Thomas, Sylvia Plath—in Love 공역)
『낭만주의선언』(Ayn Rand, The Romantic Manifesto: A Philosophy of Literature)
『생일편지』(Ted Hughes, Birthday Letters)
『물방울에게 길을 묻다』(Ted Hughes, Selected Poems: 1957-1967) 등

르네상스와 신고전주의 영시의 이해

1판 1쇄 발행 _ 2014년 8월 30일
1판 2쇄 발행 _ 2019년 2월 28일

저 자 · 이 철
발행인 · 정 현 걸
발 행 · 신 아 사
인 쇄 · 대명프린팅
주 소 · 서울특별시 은평구 통일로 59길 4 (2층)
전 화 · (02) 382-6411 팩스 · (02) 382-6401
홈페이지 · www.shinasa.co.kr
E-mail · shinasa@daum.net
출판등록 · 1956년 1월 5일(제9-52호)

ISBN: 978-89-8396-863-0 (93840)

정가 13,000원